365 Tipps für einen schönen Tag im Ruhrgebiet

365 Tipps für einen schönen Tag im Ruhrgebiet

Rolf Kiesendahl

Ellert & Richter Verlag

Inhalt

Vorwort

Tourismus und Gastronomie leiden auch im Ruhrgebiet schwer unter der Corona-Pandemie. Bedingt durch die Infektionslage und politische Entscheidungen ändern sich nach wie vor die Öffnungszeiten und Hygieneregeln vieler Museen, Freizeitparks und Lokale. Deshalb bitte ich Sie, liebe Leser, ganz herzlich darum, sich vor jedem Besuch auf der Website Ihres Ausflugszieles über Einzelheiten zu informieren.

Rolf Kiesendahl
April 2022

Liebe Leserinnen, liebe Leser!

Selbst eingefleischte Ruhrgebietler werden in diesem Buch Neues entdecken. Rolf Kiesendahl hat als exzellenter Kenner der Region 365 Tipps zusammengetragen und bietet Ihnen Anregungen für einen schönen Tag im Ruhrgebiet.
Er führt Sie Querbeet, von Nord nach Süd und vom tiefen Westen in den Osten des Ruhrgebiets. Stets gibt es etwas zu entdecken, erleben und genießen: sei es die Wiege der Ruhrindustrie, Deutschlands kleinstes Stadttheater, der tanzende Strommast oder das Welterbe Zollverein!
Das Ruhrgebiet, ein wildes Stück Deutschland! Ruhrpottküche und Bergmannsambiente, edle Ritter und Burgfräuleins, Hollywood und Kirmesfeeling . Wo steht die größte Grubenlampe der Welt? Wo kann man Treppensteigen auf der Achterbahn? Wer hat die beste Currywurst und wo kann der Besucher Himmel und Ääd mit Panhas genießen? Was sind die Austern des Bergmanns und wer kennt das Geheimnis der Mayonnaise?
Der Autor beschreibt interessante Sehenswürdigkeiten, aufregende Events und kulinarische Köstlichkeiten.
Nun, so könnte die Aufzählung fortgesetzt werden. Aber jeder Leser sollte „sein Ruhrgebiet", die Vergangenheit, Gegenwart und Zukunft, selbst entdecken. Das vorliegende Buch hilft dabei und verführt zur Entdeckung einer vielfältigen und spannenden Region mit überraschenden Kulturzeugen, geheimen Orten und einer erstaunlichen Erlebnis- und Genusswelt – nicht immer neu, oft dafür umso reizvoller. Ein Buch für all jene, die das Ruhrgebiet gut zu kennen glauben und die neugierig auf die Region und ihre verborgenen aber auch bekannten Orte sind. Planen Sie nach dem Lesen Zeit ein und begeben Sie sich auf eine Reise zu unbekannten Plätzen. Tauchen Sie ab in eine faszinierende Industriekulturlandschaft, die es sonst nirgends auf der Welt gibt.

Viel Spaß unterwegs

Hans-Peter Noll
Vorstandsvorsitzender der Stiftung Zollverein

Tief im Westen:

Xanten, Straelen, Kevelaer, Kamp-Lintfort, Hünxe, Moers, Rheinberg, Dinslaken

1 Entdecken
Xanten

Als die Römer frech geworden

... zogen sie vor knapp 2000 Jahren nach Deutschlands Norden und errichteten auf dem Gebiet des heutigen Xanten die Stadt Colonia Ulpia Traiana. Bis zu 10 000 Menschen lebten hier. Die Römer waren nach 400 Jahren wieder weg, es blieb der Archäologische Park Xanten mit den Überresten der antiken Stadt. Imposante Rekonstruktionen wie das Amphitheater und die Badeanlagen, aber auch das preisgekrönte LVR-RömerMuseum laden zur spannenden Entdeckungsreise in die Vergangenheit ein. Und im römischen Restaurant locken Speisen wie „pullus numidicus cum pulte parrica" (numidisches Huhn mit Lauchgemüse). Selbst auf den Spielplätzen trifft man kleine Gladiatoren.

LVL-Archäologischer Park Xanten
Am Amphitheater 1
46509 Xanten
T. 02801 9889213
www.apx.lvr.de
Tgl. geöffnet März bis Oktober 9–18 Uhr, November 9–17 Uhr, Dezember bis Februar 10–16 Uhr

2 Genießen
Xanten

Das erste Haus am Platze

Selbst wer nur zu Kaffee und Kuchen hier einkehrt, spürt den Atem der über 230-jährigen Hoteltradition. Das im Stil des Frühklassizismus erbaute heutige Hotelgebäude überstand den Zweiten Weltkrieg fast unversehrt. Der Haupteingang mit der wertvollen Tür, das fantastische Treppenhaus sowie die Bauernstube mit ihren alten Accessoires und Kunstgegenständen versetzen den Gast in eine andere Zeit – wobei das Haus natürlich alle Standards eines modernen Vier-Sterne-Hotels erfüllt. Sogar Winston Churchill stieg 1945 bei van Bebber ab. Und der wusste bekanntlich Gutes zu schätzen.

Hotel van Bebber
Klever Straße 12
46509 Xanten
T. 02801 6623
www.hotelvanBebber.com

3 **Entdecken**
Xanten

Das Museum zur Nibelungensage

Drachentöter Siegfried stammte aus Xanten, weshalb die Stadt untrennbar mit der Nibelungensage verbunden ist. Mitten in der historischen Altstadt gelegen, zeigt das SiegfriedMuseum zahlreiche Facetten des Nibelungenmythos und beherbergt Ausstellungsstücke aus vielen Jahrhunderten Wirkungsgeschichte. Eine faszinierende Zeitreise von der Völkerwanderung bis zur Gegenwart, unterhaltsam präsentiert.

SiegfriedMuseum Xanten
Kurfürstenstraße 9
46509 Xanten
T. 02801 772200
www.siegfriedmuseum-xanten.de
Tgl. 10–17 Uhr

4 **Genießen**
Xanten

Unser täglich Brot mit Windantrieb

Schon der Geruch macht neugierig. Jeden Abend wird ein Sauerteig angesetzt, der über Nacht reifen kann. Seit 1992 wird in der historischen Kriemhild-Mühle am Rande der Altstadt wieder Getreide gemahlen und in der angeschlossenen Backstube zu Vollwert-Brot und Kuchen verarbeitet. Das Getreide kommt aus der Umgebung. Wenn der Wind weht, setzen sich Segel, Holzzahnräder und Mahlsteine knirschend in Bewegung. Ein Eldorado für alle, die natürliches Brot ohne Zusätze lieben und erleben wollen, wie es seit Jahrhunderten gebacken wird.

Kriemhild-Mühle
Nordwall 5
46509 Xanten
T. 02801 6556
www.kriemhild-muehle.de
Mo 14–18.30 Uhr, Di–Fr 8.30–18.30 Uhr, Sa 8.30–18 Uhr, So 10–17 Uhr

5 **Entdecken**
Xanten

Majestätisch über der Stadt

Er gilt als das größte kirchliche Bauwerk zwischen Köln und der Nordsee. Ganz gleich, aus welcher Himmelsrichtung man auf Xanten schaut, man sieht zuerst immer den Dom St. Viktor, der sich majestätisch über die Stadt erhebt. 1263 wurde mit dem Bau begonnen, erst im 16. Jahrhundert wurde er fertig. Die Propstei- und ehemalige Stiftskirche mit ihren 17 Altären, außergewöhnlichen Glasfenstern, Skulpturen und Wandteppichen lohnt allein den Besuch des idyllischen Städtchens – auch wenn St. Viktor genau genommen kein Dom (Bischofskirche) ist, sondern nur landläufig so genannt wird.

Dom St. Viktor
Kapitel 8
46509 Xanten
T. 02801 71310
www.sankt-viktor-xanten.de

6 **Erleben**
Xanten

Aloha from Niederrhein

Der Vorteil: Man muss nicht bis zur Datumsgrenze fliegen. Der kleine Nachteil: Wettermäßig stehen Hawaii oder Tahiti wohl etwas besser da und die Wellen sind dort höher. Aber einen tollen, feinsandigen Strand gibt es in der Xantener Südsee auch. Der Badesee mit seinen Spiel- und Sportflächen, Wassersport- und Freizeitangeboten bietet Erfrischung und Erholung vom Feinsten und lockt an schönen Tagen zehntausende Besucher an. Die „Nordsee" – durch einen Kanal mit der Südsee verbunden – liegt übrigens gleich nebenan.

Strandbad Xantener Südsee
Am Meerend 2
46509 Xanten
T. 02801 715656
www.f-z-x.de

7 **Erleben**
Xanten

Vater Rhein erzählt Auen-Geschichte

Viel Spannendes und Erhellendes über die Dynamik des Rheins, seiner Flussauen und wie die Menschen damit umgehen – das zeigt die interaktive Dauerausstellung AuenGeschichten im Besucherzentrum NaturForum des RVR (steht für Regionalverband Ruhr) inmitten des Naturschutzgebiets Bislicher Insel bei Xanten. Das Gebiet ist eine der größten naturnahen Auenlandschaften am unteren Niederrhein und beliebtes Ziel für Wanderer, die vom NaturForum aus zu Touren und geführten Exkursionen starten. Für Hunger und Durst bietet das AuenCafé im Hof eine gute Lösung an. Die Fahrt zu dieser wunderschönen Natur- und Kulturlandschaft lohnt auf jeden Fall.

RVR-Besucherzentrum
NaturForum Bislicher Insel
Bislicher Insel 11
46509 Xanten
T. 02801 988230
www.naturforum-bislicher-insel.de
April bis Oktober Di–So
10–18 Uhr,
November bis März Di–So
10–17 Uhr

8 Erleben
Kevelaer

Die größte Bauernhof-Erlebnisoase Europas

1999 stand der Name zunächst für einen Bauernhof mit Maislabyrinth. Heute gilt das Irrland als größte Bauernhof-Erlebnisoase Europas. Hier können die Kleinen an über 80 Attraktionen und auf 300 000 Quadratmetern nach Herzenslust matschen, toben, rutschen und spielen, ohne dass sich den Erwachsenen in der Dschungelscheune oder im Rutschenparadies die Nackenhaare aufrichten. Ein Spaß für die ganze Familie.

Irrland
Am Scheidweg 1
47624 Kevelaer-Twisteden
T. 02832 976656
www.irrland.de
Tgl. 9–19/20 Uhr im Sommer, Saisonzeiten beachten

9 Entdecken
Kamp-Lintfort

So lebten die Kumpel

Ende 2012 war Schicht im Schacht in Kamp-Lintfort. Unter welchen Umständen die Kumpel gut 100 Jahre vorher lebten, zeigt das Haus des Bergmanns in Kamp-Lintfort. Die eine Hälfte des mitten in einer Zechenkolonie gelegenen Wohnhauses für zwei Familien wurde mit viel Liebe zum Detail in den Originalzustand von 1910 zurückversetzt – mit Wasserkessel, Blümchentasse und Ofenrohr in der Wohnküche. In der anderen Hälfte geht es um Bergbau-Technik und die harte Arbeit unter Tage. Eine anschauliche und anrührende Weise, die Erinnerung an den Bergbau zu erhalten.

Museum Haus des Bergmanns
Ebertstraße 88
47475 Kamp-Lintfort
T. 02842 41784
www.kamp-lintfort.de
www.bergmannstradition.de
Mi und So 14–17 Uhr

10 **Entdecken**
Kamp-Lintfort

Das Sanssouci vom Niederrhein

Die Geschichte des Klosters reicht bis 1123 zurück, als Abt Heinrich und zwölf Zisterziensermönche aus Burgund kamen, um auf dem Kamper Berg ein Kloster zu errichten. Den wunderschönen Terrassengarten von heute verdanken wir dem Abt Franziskus Daniels, der in den 1740er-Jahren auf dem Südhang Obstbäume pflanzen und 16 quadratische Beete anlegen ließ – derartig schön, dass Kloster Kamp sogar als Konkurrenz des zeitgleich von Preußenkönig Friedrich II. errichteten Rokoko-Schlosses Sanssouci in Potsdam galt. Mönche leben nicht mehr hier. Dafür ist seit 2003 ein geistliches und kulturelles Zentrum entstanden – umgeben von barocker Gartenkunst.

Kloster Kamp
Abteiplatz 13
47475 Kamp-Lintfort
www.kloster-kamp.com
Garten: Tgl. ab 8 Uhr bis Einbruch der Dunkelheit

11 Erleben
Hünxe

Aus der Zeit gefallen

Der Gang durch den beschaulichen Ortskern mit seinen alten Backsteinhäusern dauert vielleicht fünf Minuten, aber führt in eine andere Zeit. Das Treideldorf Krudenburg, weit im Westen des Lipperaumes gelegen und heute ein Ortsteil von Hünxe, war im Mittelalter Poststation. Hier wurden die Pferde gewechselt, die an langen Leinen die Lastkähne flussaufwärts zogen. Höhepunkt des Jahres ist der Weihnachtsmarkt am Tag vor dem 1. Advent. Danach sind die 300 Krudenburger wieder weitgehend unter sich. Und vermutlich ganz froh darüber.

Treideldorf Krudenburg
46569 Hünxe, OT Krudenburg

12 Entdecken
Hünxe

Das Lebenswerk von Otto Pankok

In Haus Esselt, einem idyllischen Landsitz unweit der Lippe, verbrachte der Maler, Grafiker und Bildhauer Otto Pankok seine letzten Lebensjahre. Der 1893 in Mülheim geborene und 1966 in Wesel gestorbene Pankok gilt als einer der größten Künstler, die das Ruhrgebiet hervorgebracht hat. Teil seines Lebenswerkes und des ehemaligen Ateliers sind im Museum zu sehen. Es befindet sich im großräumigen Wirtschaftsgebäude.

Pankok Museum Haus Esselt
Otto-Pankok-Weg 4
46569 Hünxe-Drevenack
T. 02856 754
www.pankok-museum-esselt.de
Sa–So 10–18 Uhr, April bis Oktober auch Fr 14–18 Uhr, Mitte Dezember bis Mitte Januar geschlossen

13 Genießen
Moers

Gegründet im wilden Jahr 1968

Jazz-Club mit Livemusik, Kultkneipe, Szenetreff – die Röhre am Rande der Moerser Innenstadt gehört für viele Moerser zu ihrer Sozialisation. 1968 gegründet, zur hohen Zeit der Studentenproteste in Deutschland, schaute vor allem ein junges, progressives Publikum in „Die Röhre". Heute treffen sich die Ehemaligen und die, die danach kamen, in dem Club, der mit vielen Veranstaltungen die Kulturszene in der 100 000-Einwohnerstadt belebt.

Jazz-Club Die Röhre
Weygoldstraße 10
47441 Moers
T. 0152 07121861
www.dieroehre.de
Mo–Do 11–1 Uhr, Fr–Sa 11–2 Uhr, So 14–1 Uhr

14 **Erleben**
Moers

Deutschlands kleinstes Stadttheater

Gerade einmal 150 Besucher passen in Deutschlands kleinstes Stadttheater, das in den Katakomben von Schloss Moers liegt. Groß sind aber die Fangemeinde und der bundesweite Bekanntheitsgrad des Schlosstheaters Moers. 1975 von Intendant Holk Freytag gegründet, machte es sich als gesellschaftskritisches und experimentelles Theater rasch einen Namen. Der Eingang liegt an einem Seitenportal des im 11. Jahrhundert gegründeten Gebäudes. Drinnen erwartet den Besucher ein atmosphärisch dichtes Theaterevent, das man so rasch nicht wieder erleben kann.

Schlosstheater Moers
Kastell 6
47441 Moers
T. 02841 8834110
www.schlosstheater-moers.de

15 **Erleben**
Moers

Frau Gräfin – 400 Jahre alt – geleitet durch die Ausstellung

Vor 400 Jahren lebte Gräfin Walburgis von Neuenahr-Moers im Moerser Schloss – und war vermutlich wenig glücklich. Ihren ersten Mann köpften die Spanier, der zweite starb bei einer Pulverexplosion. Heute empfängt die adlige Dame die Museumsbesucher und geleitet sie per Projektion durch die Ausstellung. Der Weg führt vorbei am Schlafgemach mit Holzbaldachin, am Rittersaal, am alten Kaufladen, an der Bergmannsapotheke und vielen anderen Exponaten. Kultur- und Alltagsgeschichte der Region werden dabei lebendig.

Grafschafter Museum im Schloss
Kastell 9
47441 Moers
T. 02841 881510
www.grafschafter-museum.de
Di–Fr 10–18 Uhr, Sa–So 11–18 Uhr

16 Genießen
Moers

Irisches Lebensgefühl pur

Besitzer und Management des Fiddlers kommen allesamt von der grünen Insel und haben es geschafft, das Lebensgefühl der Iren ins Herz der Moerser Innenstadt zu pflanzen. Das Angebot wird dankend angenommen. Die urige Einrichtung, traditionelle und auch moderne Musik, eine Speisekarte mit fairen Preisen und das freundliche Personal sorgen dafür, dass der Laden gut besucht ist. Und: Wer Guinness nicht mag, kriegt auch andere Biere.

The Fiddlers Irish Pub
Kastell 1
47441 Moers
T. 02841 178856
www.fiddlers-moers.com
So–Do 11–0.30 Uhr, Fr–Sa 10.30–2 Uhr

17 Erleben
Moers

Die größte Grubenlampe der Welt

Geleucht nennen die Kumpel ihre Grubenlampe. Und so heißt auch das größte Montankunstwerk der Welt, das der 2014 verstorbene Künstler Otto Piene auf dem Gipfel der begrünten Berghalde der ehemaligen Zeche Rheinpreußen geschaffen hat. Vom Fuß der Halde bis zur Spitze der Grubenlampe sind es 122,6 Meter. Davon entfallen 30 Meter auf die innen begehbare Installation. Wer den Aufstieg wagt, wird mit einem atemberaubenden Blick auf die rechtsrheinische Industriekulisse und den Niederrhein belohnt. Bei Dämmerung erstrahlen die Grubenlampe und weitere 8000 Quadratmeter des Haldenrückens in einem sanften Tiefrot – als Symbol für die Wärme und Energie aus der hier geförderten Kohle. Ein starkes Bild.

Geleucht, Halde Rheinpreußen
Gutenbergstraße
47443 Moers
www.das-geleucht.de

18 Entdecken
Moers

Altstadtflair

Der Platz bildet den Mittelpunkt der Moerser Altstadt, die im Zweiten Weltkrieg stark beschädigt wurde. Zwischen 1960 und 1980 wurden viele Gebäude saniert und ihre Fassaden im alten Stil rekonstruiert. Dadurch fühlt man sich in den engen Straßen und Gassen, wie zum Beispiel der Friedrich- und der Pfefferstraße, in eine altertümliche Stadtmitte versetzt, obwohl die Bausubstanz modern ist. Zwei historische Apotheken und viele Lokale verleihen dem Altmarkt ein gemütliches Flair. Hier ist der Nabel der Stadt.

Moerser Altmarkt
www.moers.de

19 Genießen
Rheinberg

Kultkneipe mit starkem Programm

Einst war hier – in der Niederrhein-Prärie zwischen Duisburg-Baerl und Rheinberg – eine Postkutschenstation. Heute ist der „Adler" eine rustikale Kultkneipe mit Restaurant und Biergarten, die einen Abstecher lohnt. Berühmt sind seine Kabarett-Abende und Blues-Konzerte, präsentiert von der Kulturinitiative Schwarzer Adler. Im Saal mit 200 Plätzen sind im Laufe der Jahre wohl alle führenden deutschen Kabarettisten aufgetreten, aber auch international renommierte Blues-Bands. Schwarze Musik und schwarzer Humor im „Schwarzen Adler", das passt.

Schwarzer Adler
Baerler Straße 96
47495 Rheinberg-Vierbaum
T. 02844 2458
www.schwarzer-adler.de
Mo–Sa ab 17 Uhr,
So ab 10 Uhr Frühstücksbuffet

20 Erleben
Rheinberg

Ganz schön giftig

Auge in Auge mit den giftigsten Kobra-Arten oder dem armdicken Python. Nur eine Armlänge von der weißen Panzerechse mit dem starren Blick entfernt. Und im Hintergrund lauert der Skorpion. Der Besuch im Rheinberger Terra-Zoo gleicht einem kleinen Abenteuerurlaub. Aber keine Panik, die gefährlichen Bewohner leben hinter Glas. Der private Zoo gibt Einblick in die faszinierende Welt der Reptilien, Amphibien und Wirbellosen. Manche Besuchern sehen danach Schlangen, Krokodile und Spinnen in anderem Licht.

TerraZoo
Melkweg 7
47495 Rheinberg
T. 02843 901685
www.terrazoo.de
Di–So 10–18 Uhr

21 Erleben
Dinslaken, Zeche Lohberg

Kreativquartier, auf Kohle geboren

2006 wurde Lohberg stillgelegt, einstmals eine ertragreichsten Zechen der RAG. Das Comeback erfolgte aus Anlass der Kulturhauptstadt RUHR.2010, natürlich nicht als Bergwerk, sondern als Kreativquartier – ein gelungener Strukturwandel vom Industriestandort zum Zentrum kulturellen Schaffens. In den alten Hallen entstanden „Ideen-Areale", auf denen sich Künstler aus Musik, Malerei, Design und Fotografie niedergelassen haben. Ausstellungen, Workshops und Events, wie zum Beispiel Poetry-Slam-Abende, locken Besucher auf das ehemalige Zechengelände.

KreativQuartier Lohberg
Hünxer Straße 372 + 374
46537 Dinslaken
www.kreativ.quartier-lohberg.de

22 Genießen
Dinslaken

Edel-Italiener in historischem Gemäuer

Das Umfeld mit Wassergraben und historischem Gemäuer gefällt. Wenn dann noch eine hervorragende mediterrane Küche hinzukommt, steht einem sinnlichen Menü nichts mehr im Wege. Haus Hiesfeld in Dinslaken erfüllt alle diese Ansprüche mit Leichtigkeit. Piero Parisi und sein Team haben sich zielstrebig einen gastronomischen Spitzenplatz im westlichen Ruhrgebiet erobert, den er mit Sicherheit nicht mehr hergibt. Ein Edelitaliener, der zum Glück bei den Preisen nicht durch die Decke geht.

Haus Hiesfeld
Kirchstraße 125
46539 Dinslaken
T. 02064 4375041
www.haushiesfeld.de

23 Erleben
Dinslaken

Es klappert die Mühle

Dass in Dinslaken-Hiesfeld ein bedeutendes Mühlenmuseum steht, wird manche Besucher überraschen. In idyllischer Umgebung gibt es hier viel Wissenswertes über Wassermühlen, Windmühlen und das Müllerhandwerk zu erfahren. Zum Mühlenmuseum gehören die Turmwindmühle, die 1822 im Zentrum Hiesfelds erbaut wurde, und die Wassermühle am Rotbach, die 1693 entstand und heute das Museum beherbergt. Über drei Etagen werden mehr als 60 verschiedene Mühlenmodelle aus aller Welt ausgestellt. Sonderschauen wie beispielsweise Fotoausstellungen runden das Angebot ab.

Mühlenmuseum Dinslaken
Windmühle Hiesfeld
Riemenschneiderstraße
46539 Dinslaken
T. 02064 96880
www.dinslaken.de/de/tourismus-freizeit/muehlenmuseum
Mühlenmuseum:
So 10.30–12.30 Uhr
Windmühle:
1. Sa im Monat 10–13 Uhr

24 Genießen (Pommes-Tipp)
Dinslaken

Schnitzel in 13 Varianten

Was wir vermissten: Wiener Schnitzel. Dafür hat Seppels Schnellimbiss, der seit 1972 Dinslaken mit Currywurst-Pommes-Mayo (CPM) und vielen anderen Köstlichkeiten versorgt, aber 13 andere Schnitzelvarianten auf der Karte. Von Schnitzel natur bis del Sol. Das Familienunternehmen in dritter Generation hat sich seinen guten Ruf verdient und bietet sogar die holländische Spezialität Frikandel oder – am fleischlastigen Niederrhein – Veggie-Burger an. Es gibt einen Mittagstisch, der Partyservice floriert. Alles gut beim Sepp, keiner wird zum Depp.

Seppels Schnellimbiss
Augustastraße 196
46537 Dinslaken
T. 02064 32282
www.seppels.de
Mo–Sa 11.30–22 Uhr, So 17–22 Uhr (April bis Oktober)
bzw. 16–22 Uhr (November bis März)

Geprägt von Stahl, aber mit maritimem Flair und viel Grün:

Duisburg

1 **Genießen**
Duisburg

„Schiffegucken" auf dem Rheindamm
Im südlichsten Zipfel Duisburgs, direkt hinter dem Rheindamm, liegt das Aschlöksken. Wobei der Name der Gartenwirtschaft nichts mit dem Allerwertesten zu tun hat, sondern mit der Asche und dem Kohlenstaub, der früher von den Dampfschiffen auf dem Rhein herüberwehte. Ruhe, Sonne, die großen und kleinen Schiffe beobachten – das lockt an guten Tagen viele Gäste an. Die nehmen einen Plastikstuhl, eine Flasche Altbier, Kaffee, Kuchen oder andere Stärkungen mit auf den Deich und freuen sich des Lebens. Achtung: Motorisiert kommt man nur über Düsseldorf-Bockum an dieses ungewöhnliche Ziel. Am besten schaut man vorher auf die Karte. Und den Stuhl samt Leergut bitte zurückbringen.

Gartenwirtschaft Aschlöksken
Am Damm
47259 Duisburg
T. 0203 7577595

2 **Entdecken**
Duisburg

Treppensteigen auf der Achterbahn
Es geht hier nicht um eine Kirmesattraktion, sondern um eine begehbare Großskulptur auf dem Gelände einer früheren Zinkhütte im Süden der Stadt. Rund 65 Meter über NN erhebt sich der aus Abbruch- und Erdmaterial geformte Hügel, auf dem die Künstler Heike Mutter und Ulrich Genth ihr 20 Meter

hohes Kunstwerk auf 17 Stützen errichteten, das optisch stark an eine Achterbahn erinnert. 220 Meter lang ist der unterschiedlich steile Treppenweg über Tiger & Turtle. Der Looping bleibt natürlich ausgespart. Von oben hat man einen überwältigen Blick über das westliche Ruhrgebiet mit viel Grün, aber auch auf die Industriekulisse der Hüttenwerke Krupp Mannesmann (HKM) ganz in der Nähe, wo ein Zwölftel des deutschen Stahls produziert wird.

Tiger & Turtle – Magic Mountain
Heinrich-Hildebrand-Höhe im Angerpark
Kaiserswerther oder Ehinger Straße
47249 Duisburg
www.tigerandturtle.de
ständig geöffnet

3 Erleben
Duisburg

Erholung pur am Wasser
Segelboote gleiten durch das Wasser. Wanderer und Walker tummeln sich auf dem 25 Kilometer langen Wegenetz entlang der Ufer und durch kleine Waldstücke. Am Wolfssee wurde ein Naturfreibad angelegt. Alles geht sehr entspannt zu. Nichts erinnert mehr daran, dass hier einmal sechs Kiesgruben lagen, aus denen Baumaterial für einen der größten Güterbahnhöfe Deutschlands gewonnen wurde. Die Gruben füllten sich mit Wasser, das insgesamt 283 Hektar große Areal wurde jahrzehntelang bepflanzt. So entstand das wohl schönste und größte Erholungsgebiet der Stadt (Foto: Masurensee).

Sechs-Seen-Platte
Masurenallee (Parkplätze)
47279 Duisburg

4 Erleben
Duisburg

Ideale Spaziergangslänge

Kanuten aus aller Welt schätzen die Regattabahn. Hier fanden schon mehrmals Welt- und Europameisterschaften statt. Aber auch der Rundweg um die Paddlerstrecke, die wie die Sechs-Seen-Platte aus einer Kiesgrube entstand, ist ein wahres Vergnügen für Spaziergänger und Radfahrer. Immer am Wasser lang, Grün auf der jeweils anderen Seite des Weges. Es geht vorbei an der MSV-Arena, einer Wasserskianlage und einem Hochseilgarten. Knapp fünf Kilometer dauert die Umrundung. Im Ziel wartet die Belohnung in Form eines Mezzomar-Restaurants mit schönem Biergarten.

Regattabahn/Sportpark Wedau
Bertaallee (Parkplätze)
47055 Duisburg
www.duisburg.de/sport

5 Genießen
Duisburg

Weinbar und Café mit Wohnzimmeratmosphäre

Ex-Bankerin Sylvia Tönnies hat sich einen Traum erfüllt und in ihrem Heimatstadtteil Duissern ein kleines Lokal eröffnet, das Weinbar, Café und Bistro zugleich ist. In der ehemaligen Drogerie sitzt man an langen Tischen, lernt nette Leute kennen, genießt ausgesuchte Weine, selbstgebackene Kuchen und kleine Speisen. Ab und zu gibt es auch Kulturgenuss in Form von Lesungen und Konzerten. Und das alles tiefenentspannt.

WinzigSchön
Moltkestraße 18
47058 Duisburg
T. 0171 5304824
www.winzigschoen.de
Mi 14–18 Uhr, Do–Fr 14–22 Uhr, Sa 11–18 Uhr

6 Entdecken
Duisburg

Spurensuche mit Currywurst

1981 war die Fernsehrepublik schockiert, als TV-Kommissar Horst Schimanski alias Götz George im ersten Duisburg-Tatort häufiger mal „Scheiße" sagte, zu viel Bier trank und seine kulinarischen Bedürfnisse auf den Genuss von Currywurst beschränkte. Ermittelt wurde fast ausschließlich in den finstersten Ecken der Stadt. Doch bald erlangte „Schimmi" Kultstatus. Götz George ist gestorben, den Duisburg-Tatort gibt es nicht mehr, doch Schimanski lebt weiter – auch durch die geführten, mit Anekdoten gespickten Schimmi-Touren zu den Drehorten und

Lieblingskneipen des beliebten Rabauken. Termine auf Anfrage.

Schimmi-Tour

www.du-tours.de

7 Erleben

Duisburg

Vom Brotkorb des Reviers zum Szeneviertel

„Brotkorb des Ruhrgebiets“ hieß der altstadtnahe Innenhafen früher, weil hier das Getreide für die ganze Region mit Lastkähnen angeliefert, gelagert und gemahlen wurde. Das Areal verfiel, bis der britische Stararchitekt Lord Norman Foster den Masterplan für eine Art Docklands entwickelte. Die alten Backsteingebäude, Mühlen und Silos wurden restauriert, auf der brachliegenden Nordseite entstanden spektakuläre Neubauten – und in jedem Gebäude eröffnete ein gastronomischer Betrieb. So entstand ein trendiges Hafenviertel mit alter Industriearchitektur, neuen Firmen, vielen Kneipen und Restaurants. Vom Steiger Schwanentor starten die Hafenrundfahrten, die unter anderem in Europas größten Binnenhafen in Duisburg-Ruhrort führen (→ ab Tipp 23).

Innenhafen

Parkplätze u. a. Schifferstraße (unter der A 59-Brücke)
47051 Duisburg
www.innenhafen-portal.de

8 **Entdecken**
Duisburg

Die stille Seite des Innenhafens

Auf der Südseite des Innenhafens, durch den Portsmouthdamm vom quirligen Ausgehviertel getrennt, hat der israelische Land-Art-Künstler Dani Karavan einen ungewöhnlichen Park erschaffen: den „Garten der Erinnerung", der den stadthistorisch wichtigen Ort neu interpretiert. Dazu wurden die leer gezogenen Gebäude und Hallen Ende der 1990er-Jahre bis auf ausgewählte Reste zurückgebaut und als künstliche Ruinen in die Parkgestaltung integriert. Ganz in der Nähe wurde hier unweit der 1938 zerstörten Synagoge ein neues Jüdisches Gemeindezentrum errichtet. Wie ein aufgeschlagenes Buch strecken sich die fünf unverputzten Strebepfeiler dem Garten der Erinnerung entgegen.

Garten der Erinnerung
Yitzhak-Rabin-Platz
47051 Duisburg

9 **Genießen**
Duisburg

Ausgehzone im Schatten der Kirche

08/15-Gastronomie gibt es hier nicht, man mag es individuell. Wohl deshalb zieht es Einheimische und Studenten gleichermaßen zum Dellplatz in der Stadtmitte. Dort ist im Schatten der Kirche St. Joseph ein kleines Ausgehviertel entstanden, das reichlich Abwechslung für einen Abendbummel bietet. Die Kulturkneipe Grammatikoff, das kuschelige Kleinkunsttheater „Die Säule" mit nur 99 Plätzen, die Webster-Hausbrauerei, das kommunale Filmforum und andere Lokale bilden eine gern besuchte Alternative zum eher stylischen Innenhafen.

Rund um den Dellplatz
47051 Duisburg
www.dellplatz.de

10 **Entdecken**
Duisburg

Erhabenes Kirchenbauwerk

Aus dem 14. Jahrhundert stammt die Salvatorkirche, eines der bedeutendsten spätgotischen Kirchenbauwerke am rechten Niederrhein. Bemerkenswert ist ein Taufstein aus dem 15. Jahrhundert, aufgestellt auf einem modernen Sockel.

Aber auch die Renaissancekanzel aus dem Jahre 1664, 18 Grabdenkmäler, darunter das von Gerhard Mercator in der südlichen Chorkapelle, und die Malereien der Kirchenfenster machen das Besondere der Kirche aus. Orgel- und andere Konzerte in der Salvatorkirche gelten als Höhepunkte im kulturellen Leben der Stadt.

Salvatorkirche
Burgplatz 19
47051 Duisburg
T. 0203 311176
www.salvatorkirche.de
www.ekadu.de
Di–Sa 9–17 Uhr

11 **Erleben**
Duisburg

Auf Gerhard Mercators Spuren

Berühmtester Bürger Duisburg war der flandrische Gelehrte Gerhard Mercator, dem 1569 in seiner Wahlheimat das Unmögliche gelang: die Übertragung der Kugelform der Erde auf eine zweidimensionale Karte. Der Mercator-Projektion folgen noch heute fast alle Weltkarten. An dem berühmten Kartografen erinnert unter anderem der Mercatorbrunnen direkt neben dem Rathaus. Das im Stil der Neorenaissance erbaute Gebäude wurde 1902 eingeweiht und ist einen Kurzbesuch wert. Dazu gehört auch die Fahrt im rumpelnden Paternoster, einem der letzten im Ruhrgebiet. Nur keine Sorge, man steht bei der Rückfahrt nicht auf dem Kopf.

Rathaus und Mercatorbrunnen
Burgplatz
47051 Duisburg
www.duisburg.de

12 Entdecken
Duisburg

Blick in die Mercator-Schatzkammer

Nur wenige hundert Meter vom Rathaus entfernt, nicht weit von der Schwanentorbrücke, lebt in diesem Museum Duisburgs Geschichte wieder auf. Von ersten urkundlichen Erwähnungen über den Wikinger-Überfall 883 bis zur Neuzeit reicht der Spannungsbogen. Besonders zu erwähnen: die Münzen und andere Exponate aus der Sammlung Köhler-Osbahr und die Mercator-Schatzkammer. Globen und Atlanten des berühmten flämischen Kartografen Gerhard Mercator, der im 16. Jahrhundert hier lebte, sind von unermesslichem Wert.

Kultur- und Stadthistorisches Museum
Johannes-Corputius-Platz 1
47051 Duisburg
T. 0203 2832640
www.stadtmuseum-duisburg.de
Di–Sa 10–17 Uhr, So 10–18 Uhr

13 Genießen
Duisburg

Vinologie und betreutes Trinken

Die Universität Duisburg-Essen liegt nicht weit entfernt, aber Vinologie wird nur hier gelehrt. Im denkmalgeschützten Jugendstilensemble an der Mülheimer Straße erwartet den Besucher ein umfangreiches Angebot ausgesuchter Weine und besonderer Delikatessen. Das Team der WeinVilla ist kompetent und kommunikativ zugleich. Da kann der Weineinkauf inklusive Probeschluck schon mal länger dauern. Gut besucht sind auch die themenbezogenen Matineen in den altehrwürdigen Räumen.

WeinVilla
Mülheimer Straße 103
47058 Duisburg
T. 0203 3463900
www.die-weinvilla.de
Mo–Fr 14–19.30 Uhr, Sa 10–14 Uhr

14 Erleben Duisburg

Einzigartige Skulpturen

Es gehört zu den herausragenden Museumsneubauten der Nachkriegszeit, das nach dem Duisburger Künstler benannte Lehmbruck Museum am Rand des innerstädtischen Kantparks. Wilhelm Lehmbruck (1881–1919) war neben Ernst Barlach der wichtigste deutsche Bildhauer der Klassischen Moderne. Einige seiner Werke sind hier ausgestellt, zusammen mit einer einzigartigen Skulpturensammlung, unter anderem mit Arbeiten von Picasso. Außerdem bietet das Museum eine erlesene Gemäldesammlung mit dem Schwerpunkt Expressionismus und ist überregional bekannt für seine Form der Kunstvermittlung. Nicht nur Gruppen und Familien profitieren davon, auch Sehbehinderte und Menschen mit Demenz eröffnen sich dadurch neue Wege zur Kunst.

Lehmbruck Museum
Friedrich-Wilhelm-Straße 40
47051 Duisburg
T. 0203 2833294
www.lehmbruckmuseum.de
Di–Fr 12–17 Uhr, Sa–So 11–17 Uhr

15 Erleben Duisburg

Koalas, Delfine und Beutelteufel

Die schläfrigen Koalas sind die stillen Stars des Duisburger Zoos, aber die putzmunteren Delfine erfreuen seit mehr als 50 Jahren die Besucher und sind zum Markenzeichen geworden. Sehr stolz ist man am Kaiserberg auch auf die beiden Tasmanischen Beutelteufel, die außerhalb von Down Under nur selten zu sehen sind. Für den naturnah, auf hügeligem Gelände angelegten Zoo mit fast allen bekannten Tierarten und vielen Attraktionen sollte man einen halben Tag einplanen. Kinder lieben den Streichelzoo. Ruhe und Kontemplation bietet der China-Garten, den die chinesische Partnerstadt Wuhan spendiert hat. Über eine Million Menschen kommen im Jahr hierher, aus gutem Grund.

Zoo Duisburg
Mülheimer Straße 273
47058 Duisburg
T. 0203 305590
www.zoo-duisburg.de
März bis Oktober 9–17.30 Uhr,
November bis Februar 9–16 Uhr

16 Erleben
Duisburg

Kunst und Kulinarik direkt am Wasser

Der Weg führt vorbei an alten Speichern und Lagerhäusern, an der Wasserseite findet man noch die alten Gleise der Hafenbahn und einen verwaisten Kran. Im Duisburger Innenhafen erinnert noch manches an den früheren „Brotkorb des Ruhrgebiets". Hier kam einst das Getreide aus dem ganzen Land an, um gemahlen, gelagert und auf Frachtkähne verladen zu werden. Direkt am Wasser, fast am Ostende des Innenhafens, gleich neben dem weltbekannten Museum Küppersmühle, liegt das gleichnamige Restaurant. Feine Küche, bodenständig und extravagant zugleich, mit frischesten Produkten aus der Region versprechen die Betreiber.

Küppersmühle Restaurant
Philosophenweg 49
47051 Duisburg
T. 0203 5188880
www.kueppersmuehle-restaurant.de
Mi–Sa 12–22 Uhr, So 12–18 Uhr

17 Genießen
Duisburg

Rasten unter Bäumen

In Zoo- und Uni-Nähe, direkt an der Mülheimer Straße, liegt eines der ältesten Gebäude Duisburgs, erbaut 1728. Im niedrigen Gastraum ist es urgemütlich, doch berühmt ist die Lindenwirtin vor allem durch ihren Biergarten, der – man ahnt es kaum – von Linden beschattet wird. Seit 1934 existiert das Restaurant und ist immer eine Oase im Großstadttreiben geblieben. Herzhafte Küche zu normalen Preisen.

Restaurant Lindenwirtin
Mülheimer Straße 203
47058 Duisburg
T. 0203 333370
www.duisburgs-lindenwirtin.de
So–Fr 11–23 Uhr

18 Entdecken
Duisburg

Hochkultur und Spielcasino

Zur Linken das altehrwürdige Landgericht, vor Kopf das Theater der Stadt und rechts das futuristische, architektonisch interessante CityPalais – dieses Ensemble umrahmt den weitläufigen König-Heinrich-Platz in der Duisburger City. Und es macht den Unterschied zu vielen anderen Innenstädten des Reviers.

Hauptanziehungspunkt ist natürlich das CityPalais (auf dem Foto rechts) mit Deutschlands modernster Spielbank und einer kleinen Mall. Unter dem gleichen Dach liegt das kulturelle Herz: die Mercatorhalle, Spielort der angesehenen Duisburger Philharmoniker und gute Stube der Stadt. Eine gelungene Kombination aus Entertainment, Kultur und Shoppen, nur fünf Gehminuten vom Hauptbahnhof entfernt.

CityPalais
Königstraße
47051 Duisburg
www.citypalais.de
www.duisburg.de

19 **Erleben**
Duisburg

Einlochen mit Leuchtball

Hat wenig mit Opas Freizeitsport zu tun und macht viel mehr Spaß. Hier wird Minigolf mit Leuchtball bei Schwarzlicht gespielt, und der Ball rollt vorbei an fantasievollen, strahlenden Kulissen. Natürlich spielt die Punktezahl eine gewisse Rolle. Aber wichtig ist auch der Füllstand des begleitenden Getränks. Schließlich darf so ein Power-Golfer nicht austrocknen.

Moonlight-Minigolf
XXL Minigolf GmbH
Am Neuen Angerbach 28
47259 Duisburg
T. 0203 7585212
www.moonlight-minigolf.de
Mo–Do 13–21 Uhr, Fr 13–24 Uhr, Sa 9–24 Uhr, So 9–21 Uhr

20 Genießen
Duisburg

Café, Kneipe und Biergarten

Herausragendes Merkmal des Ruhrgebiets ist die Selbstverständlichkeit: Es wird kein Bohei (Ruhrpott-Slang für besondere Aufmerksamkeit) gemacht, man gehört auch als Fremder einfach dazu. Punkt. Im „Steinbruch" stärkten sich früher die Malocher des nahen Steinbruchs, heute gehen alle hin – vom Biker bis zum Pensionär, Azubis und Partylöwen. Ab neun Uhr morgens gibt es Frühstück und erst am späten Abend wird die Küche kalt. Ein etwas versteckt liegender Treff mit eigenem Veranstaltungsprogramm im Konzertsaal und Biergarten. Leicht angegraut, aber mit hohem Selbstverständlichkeitsfaktor.

Steinbruch
Lotharstraße 318–320
47057 Duisburg
T. 0203 3632882
www.steinbruch-duisburg.de
So–Do 9–24 Uhr, Fr Sa 9–1 Uhr

21 Erleben
Duisburg

Moderne Kunst am Wasser

Ein „must have" für Kunstliebhaber ist der Besuch des MKM Museums Küppersmühle im Innenhafen allein schon wegen seiner markanten Architektur. Die Schweizer Stararchitekten Herzog & de Meuron haben das ehemalige Speichergebäude in einen zeitgemäßen Kulturbau mit lichten, hohen Räumen verwandelt. Noch wichtiger sind in einem der größten deutschen Privatmuseen natürlich die Exponate. Werke von Anselm Kiefer bis Gerhard Richter, von Georg Baselitz bis Markus Lüpertz und ein vielseitiges Ausstellungsprogramm stehen hier im Fokus. Auf gut 2500 Quadratmetern sind Highlights aus der Sammlung Ströher zu sehen, einer der wichtigsten und umfangreichsten Sammlungen deutscher Kunst nach 1945. Verdopplung der Ausstellungsfläche ab 2019.

Museum Küppersmühle
Philosophenweg 55
47051 Duisburg
T. 0203 30194811
www.museum-kueppersmuehle.de
Mi 14–18 Uhr, Do–So 11–18 Uhr

22 Genießen
Duisburg

Torten und Bauernfrühstück am Kornfeld

Ringsum wogen die Getreidefelder. Vom klassischen Ruhrpott ist nichts zu sehen. Dafür stechen die herrlichen Kuchen und Torten ins Auge, die das Team des Ellerhofs im Duisburger Süden den Gästen serviert. Ein deftiges Bauernfrühstück steht natürlich auch auf der Karte. Das alles zu zivilen Preisen im Biergarten am Rande des Kornfelds oder in der rustikalen Stube. Passt.

Bauerncafé Ellerhof
Rheinfeldsweg 18
47259 Duisburg
T. 0203 7599858
www.Bauerncafe-Ellerhof.de

23 Erleben
Duisburg

Schiff ahoi

Eine Tour durch Europas größten Binnenhafen gehört einfach zu jedem Duisburg-Besuch. Wobei von hier aus auch Schiffe bis an die britische Ostküste, nach Skandinavien und St. Petersburg fahren. Etwa zwei Stunden dauert die Rundfahrt mit der „Gerhard Mercator" durch viele der 22 Hafenbecken, vorbei an Containerterminals, Stahlverladung und Massengut-Kais. Nach dem Start vom Steiger Schwanentor am Innenhafen (Tipp 7) geht es über Außenhafen und Rhein hinter der Ruhrmündung in die Ruhrorter Hafenbecken. Am Steiger Schifferbörse kann die Fahrt unterbrochen werden, um von hier das Museumsschiff „Oscar Huber" (Tipp 26) oder das Museum der Deutschen Binnenschifffahrt (Tipp 27) zu entern. Mit dem nächsten Schiff geht es zurück zum Ausgangspunkt.

Hafenrundfahrt
Weiße Flotte Düsseldorf Duisburg GmbH
Calaisplatz 3
47051 Duisburg
T. 0203 7139667
www.wf-duisburg.de
Abfahrt Schwanentor: 11 Uhr, 13.15 Uhr, 15.30 Uhr
Abfahrt Schifferbörse: 12.15 Uhr und 14.30 Uhr (Hauptsaison, Ende März bis Ende Oktober)

24 Erleben
Duisburg

Erzgebirge mal anders

Mit der „Rheinfels" der Ruhrorter Personenschifffahrt steuert Walter Moser an ausgewählten Terminen auch die großen Werkshäfen von ThyssenKrupp in Walsum oder von Mannesmann in Huckingen an. Hier werden von mächtigen Schubeinheiten gewaltige Mengen Erz, Kohle und Koks für die Hüttenbetriebe angelandet. Ein Erlebnis abseits der üblichen Panoramatour. Und: Betrachtet man den Güterumschlag der öffentlichen und der privaten Häfen als Einheit, dann hat Duisburg den größten Binnenhafen der Welt.

Ruhrorter Personenschifffahrt
Walter Moser
Gotenstraße 4
47178 Duisburg
T. 0203 8070677
www.hafenrundfahrt-duisburg.de

25 Genießen
Duisburg

„Schimanski" trank hier sein Pils

Wohl die einzige Hafenkneipe in Ruhrort, von der aus man direkt ins Wasser fallen kann. Ist aber noch nie passiert. „Zum Hübi", benannt nach Hafenwirt Dirk Hübertz, liegt direkt an der Horst-Schimanski-Gasse, die von der Dammstraße zum Vinckekanal runterführt. Damit ist alles gesagt. Schon „Schimmi" alias Götz George trank hier sein Pils und bis heute steht die Kneipe mit dem leicht morbiden Charme bei alten Schiffern, Szenegängern, Chefs, Arbeitern und Kreativen gleichermaßen hoch im Kurs. Man schaut direkt auf den Hafen. Und bei schönem Wetter hat man draußen den besten Platz überhaupt.

Hafenkneipe „Zum Hübi"
Dammstraße 27
47119 Duisburg
T. 0203 8788544
www.zum-huebi.de
Mi–Fr ab 16 Uhr, Sa–So ab 11 (bei Regen ab 16) Uhr

26 Entdecken
Duisburg

Sieben Lastkähne im Schlepp

Er geht stramm auf die 100 zu, der Museumsdampfer „Oscar Huber mit seinen mächtigen Schaufelrädern. 1922 lief der Schlepper vom Stapel und ackerte danach 40

Jahre auf dem Rhein. Bis zu sieben Frachtkähne konnte der 1550 PS starke Kraftprotz ziehen. Jeweils 70 Tonnen Kohle wurde auf jeder Fahrt von Ruhrort nach Rotterdam in die Kessel geschippt. Seit 1973 dient der Schlepper als Museumsschiff am Ruhrorter Vinckekanal. Beim Rundgang über viele steile Treppen kommt man in den Maschinenraum, auf die Brücke und auch in Mannschaftsräume. Die „Oscar Huber" gehört ebenso wie der 1882 gebaute Eimerkettendampfbagger „Minden" gleich daneben zum Museum der Deutschen Binnenschifffahrt, das nur wenige Gehminuten entfernt liegt.

Museumsschiff „Oscar Huber"
Vinckekanal, am Leinpfad
47119 Duisburg
T. 0203 8088940
www.binnenschifffahrtsmuseum.de
Di–So 10–17 Uhr (30. März–3. Okt.)

27 Entdecken
Duisburg

Vom harten Leben der Schiffer

Im denkmalgeschützten ehemaligen Ruhrorter Hallenbad wird die Schifffahrtsgeschichte von der Steinzeit bis zur Gegenwart auf drei Etagen mit vielen detailgetreuen Modellen und multimedial erlebbar gemacht. Im Becken des Herrenbades ist die Tjalk „Goede Verwachting“ ausgestellt, ein Lastensegler von anno 1913. Im Damenbad macht der begehbare Nachbau eines Binnenschiffs deutlich, wie hart der Alltag der Schiffer und ihrer Familien damals war.

Museum der Deutschen Binnenschifffahrt
Apostelstraße 84
47119 Duisburg
T. 0203 8088940
www.binnenschifffahrtsmuseum.de
Di–So 10–17 Uhr

28 Genießen
Duisburg

Feine Küche im alten Kuhstall

„mod“ ist das schwedische Wort für mutig. Und Mut hat Sternekoch Sven Nöthel ganz sicher bewiesen, als er im Herbst 2021 sein renommiertes Stammhaus „Am Kamin“ (S. 53) in Mülheim verließ und auf der linken Rheinseite in Duisburg-Baerl in einem ehemaligen Kuhstall sein Restaurant „MOD – by Sven Nöthel“ eröffnete. Hier beginnt der Niederrhein. Auch kulinarisch eröffnen sich neue Horizonte. Raffinierte französische Gerichte mit skandinavischen Akzenten bereitet der Meister in der offenen Küche zu – mit viel Fisch und frischen Kräutern.

MOD – by Sven Nöthel
Grafschafter Straße 197
47199 Duisburg
T. 0176 23557864
www.mod-dining.com
Di–Sa ab 18:00 Uhr,
So Küche von 12–14 Uhr

29 Erleben
Duisburg

Türkischer als in Istanbul

Dem Schmuddel-Image des Stadtteils Marxloh zum Trotz hat sich die Weseler Straße in Marxloh als europaweit bekannte Hochzeitsmeile etabliert, auf der vor allem türkische Paare dem schönsten Tag im Leben entgegenfiebern. Über 50 Brautmodengeschäfte, 30 auf Hochzeiten spezialisierte Frisörsalons, Fotografen, Juweliere und andere Fachgeschäfte bis hin zum Spezialisten für Hochzeitsschokolade oder Nusssorten halten ein kaum noch überschaubares Angebot bereit. Ein reizvoller Kontrast zwischen Tristesse und industrieller Patina auf der einen und pulsierendem Leben auf der anderen Seite.

Hochzeitsmeile Marxloh
Weseler Straße
Parken auf dem
August-Bebel-Platz
47169 Duisburg-Marxloh

30 Genießen (Pommes-Tipp)
Duisburg

Kultort in Marxloh

Linker Hand auf dem August-Bebel-Platz, nur einen Steinwurf vom Beginn der Marxloher Hochzeitsmeile entfernt, liegt der mit Abstand bekannteste Imbiss der Stadt: Über Peter Pomm's Puszetten Stube hat inzwischen wohl jede deutsche Zeitung und jeder Sender berichtet. Der witzige Kunstname – in Wirklichkeit heißt der Gründer Peter Johann Hildebrand – trug sicher dazu bei, aber auch die Tatsache, dass PPP zu den Pommes-Pionieren gehört und schon bei der Gründung 1958 die goldenen Stäbchen verkaufte. Berühmt wurde er aber durch die Puszetten genannten Hackfleischbällchen in würziger Sauce, die sogar in Dosen erhältlich und durch Patent geschützt sein sollen. Selbst Kaufhaus-König Helmut Horten, der nebenan eine Filiale betrieb, soll für die Bällchen angestanden haben. Und Schimanski sowieso.

Peter Pomm's Puszetten Stube
August-Bebel-Platz 7
47169 Duisburg
T. 0203 400314
Tgl. 11.30–22.30 Uhr

31 Entdecken
Duisburg

Grün im Schatten der Hochöfen

Ein Park im Schatten eines der größten Hochöfen Europas? Ungewöhnlich, aber real. Der Silhouette und den Geräuschen des „Schwarzen Riesen" von ThyssenKrupp kann man im Volkspark Schwelgern kaum entgehen. Gerade deshalb ist der nur 500 mal 200 Meter große Park, den die damals selbstständige Stadt Hamborn in den 1920er-Jahren anlegte, so besonders. Rau und ungehobelt, gar nicht so lieblich wie andere Parks, aber dadurch reizvoll für jene, die sich für die Nahtstelle zwischen Natur und Industrie interessieren.

Volkspark Schwelgern
über Wiesenstraße
47169 Duisburg

32 Erleben
Duisburg

Das industrielle Herz Deutschlands

Einer der größten Stahlstandorte Europas, fast fünfmal so groß wie Monaco. Das Straßennetz entspricht der Entfernung Duisburg–Köln, und mit den Gleisen ließen sich Duisburg und Hamburg verbinden.

Im Jahr werden hier rund zwölf Millionen Tonnen Stahl produziert. Das alles findet man im Duisburger Norden, im Werk von thyssenkrupp Steel Europe. Mit ein wenig Glück – die Führungen sind schnell ausgebucht – können Besucher erleben, wie heute mit modernsten Methoden Stahl produziert wird.

Werksbesichtigung bei ThyssenKrupp
Besucherzentrum thyssenkrupp Steel Europe AG
Kaiser-Wilhelm-Straße 100
47166 Duisburg
T. 0203 5224430
www.thyssenkrupp-steel.com
oder über Tourismus-Information Duisburg
Königstraße 86
47051 Duisburg
T. 0203 285440
www.duisburg.de

33 Genießen
Duisburg

Die Austern des Bergmanns

... sind natürlich Miesmuscheln, die es im Fischlokal Walsumer Hof in vielen Variationen gibt. Der Bau eines riesigen Kraftwerks hat den Charme Alt-Walsums weitgehend eliminiert, zum Glück hält Wirt Matthias Langhoff mit seinem Traditionslokal unverdrossen die Stellung, was ihm schon den Kampfnamen „Asterix vom Niederrhein" eingebracht hat. Nostalgie pur beim Ambiente, frisches Meeresgetier in großen Portionen und ein treues Publikum machen den Walsumer Hof zu einer Institution hoch im Duisburger Norden. Nur wenige Meter von hier legt die Rheinfähre Walsum-Orsoy ab.

Walsumer Hof
Rheinstraße 16
47179 Duisburg
T. 0203 491454
www.walsumerhof.de
Mi–Sa 16.30–22 Uhr, So 12–19.30 Uhr

34 Entdecken
Duisburg

Industriepanorama und Niederrheinidylle

Der Berg ist nur 50 Meter hoch (70 Meter über NN), besteht aus einer begrünten Schutthalde und hat doch eine besondere Magie. Denn vom Alsumer Berg, benannt nach dem – wegen der Bergsenkungen – versunkenen Stadtteil Alsum, der nach dem Zweiten Weltkrieg mit Schutt und Müll zugekippt wurde, hat man einen unvergleichlichen Blick auf den beschaulichen Niederrhein. Nach einer halben Kopfdrehung bietet sich ein ganz anderes Bild: Das gewaltige Thyssen-Panorama mit den Hochöfen in Hamborn, dem Stahlwerk Bruckhausen und der riesigen Kokerei Schwelgern springt den Betrachter förmlich an. Geheimtipp für Fotografen.

Alsumer Berg
über Alsumer Steig
47166 Duisburg

35 Erleben
Duisburg

Gaanz tief durchatmen

Kühl und salzig schmeckt die Luft. Doch wir sind hier nicht am Flutsaum der Nordseeküste, sondern am Gradierwerk der Niederrhein-Therme im Revierpark Mattlerbusch. 40 Meter lang ist das Gradierwerk aus Reisigholz, an dem aus acht Metern Höhe permanent Sole herabrinnt und Aerosole freisetzt. Ein kleiner Kurort mitten im Duisburger Norden. Die Therme selber ist mit ihren 15 verschiedenen Saunen, Solebad und Palmengarten ein Publikumsmagnet. Vor allem im Sommer, wenn es viele Winkel zum nahtlosen Bräunen gibt.

Niederrhein-Therme
Wehofer Straße 42
47169 Duisburg
T. 0203 9958412
www.niederrhein-therme.de
Tgl. 8.30–23 Uhr

36 Entdecken
Duisburg

Wo Ruhr und Rhein zusammenfließen

Die Ruhr fließt hier in den Rhein, Rheinland trifft Ruhrgebiet, zwei Kulturen vereinigen sich – man kann viel in die Skulptur „Rheinorange“ hineininterpretieren, die der Kölner Bildhauer Lutz Fritsch hier 1992 errichtet hat. 25 Meter hoch, sieben Meter breit und einen Meter tief ist die Landmarke am Neuenkamper Ufer, die sich leuchtend in den Himmel reckt und den Kontrast zur graubraunen Patina liefert. Viele kommen wegen der Stille hierher. Und um die stetig vorbeiziehenden Schiffe zu beobachten. Der Name „Rheinorange“ basiert auf dem Farbton RAL 2004, dem Reinorange.

Landmarke Rheinorange
Rheinkilometer 780
Am Bört
47059 Duisburg

37 Erleben
Duisburg

Kopfweiden und der Blick auf Hochöfen

Linksrheinisch die idyllische Niederrhein-Landschaft mit Kopfweiden und Feldern, auf der anderen Seite die gewaltige Industriekulisse von Thyssen-Krupp. Auf der Rhein-Rennstrecke Duisburg–Rotterdam stampfen unterdessen Tankschiffe und riesige Schubverbände vorbei. Das Ganze lässt sich wunderbar vom Leinpfad in Baerl aus genießen. Über Grafschafter Straße und Niederhalener Dorfweg kommt man zum großen Parkplatz vor dem Restaurant Rheinblick. Von dort startet die Tour. Entweder man bleibt am Wasser oder geht durch Felder und Dorf zurück zum Ausgangspunkt, wo man zudem trefflich speisen kann.

Restaurant Rheinblick
am Baerler Leinpfad
Niederhalener Dorfweg
47199 Duisburg
T. 02841 87116
www.rheinblick-baerl.de
Tgl. 9.30–22 Uhr

38 Entdecken
Duisburg

Wo es summt und brummt

Dieser Ort ist nicht nur für angehende Imker attraktiv, die sich hier umfassend über ihre Profession informieren können. Auch jeder andere, der sich für Bienen, Hummeln, Hornissen und andere brummende und summende Zeitgenossen interessiert und alles über die Produktion von Honig erfahren will, ist im Bienenmuseum im linksrheinischen Stadtteil Rumeln an der richtigen Adresse.

Bienenmuseum
Schulallee 11
47239 Duisburg
T. 0203 581300
www.bienenmuseumduisburg.de
Mi und Sa 15–18 Uhr

39 Genießen
Duisburg

Chillen am Rheinstrand

Heidi, Peter und meckernde Tiere findet man hier nicht, dafür Entspannung, Drinks und was auf die Gabel. Vor nicht allzu langer Zeit war hier ein Industriegebiet, Terra incognita sozusagen. Heute ist der Rheinpark ein gern besuchtes Naherholungsgebiet und der Ziegenpeter mit seiner Strandbar und dem Rheinblick eine gute Location, die von der Innenstadt aus mit dem Auto in ein paar Minuten zu erreichen ist. Sand, Liegen, Getränke – alles da fürs Relaxen am Strom.

Ziegenpeter
Liebigstraße 70
47053 Duisburg
T. 0203 72999546
www.ziegenpeter-duisburg.de
Tgl. 9–20 Uhr, April bis September 9–22 Uhr

40 Erleben
Duisburg

Blade Runner lässt grüßen

Landschaftspark Duisburg-Nord – das klingt so arglos, ist es aber nicht. Denn wo sonst darf man auf einen alten Hochofen klettern, im gefluteten Gasometer tieftauchen und an rostigen Hütten-Relikten vorbeispazieren. Oder in schwindelnder Höhe eine der ungewöhnlichsten Kletterrouten Deutschlands meistern. Sie führt durch einen Erzbunker. Der LaPaNo, so die Kurzform, verbindet auf dem 200 Hektar großen Gelände eines früheren Thyssen-Stahlwerks Industriekultur mit der zurückkehrenden Natur. Beides wird gekrönt von der faszinierenden Lichtinstallation Jonathan Parks (Foto rechts), der schon die Bühnenshow von Pink Floyd illuminierte. Irgendwie surreal, das Ganze. Der Kult-Film „Blade Runner“ lässt grüßen. Natürlich haben Regisseure und Event- und Kulturmanager die einmalige Kulisse für sich entdeckt. Konzerte im Rahmen der Ruhrtriennale oder des Traumzeitfestivals finden in der riesigen Kraftzentrale oder in der Gebläsehalle mit ihrer besonderen Akustik statt. Aber auch Spaziergänger und Radfahrer lieben den Park. Gehört unbedingt zum Duisburg-Programm.

Landschaftspark Duisburg-Nord
Emscherstraße 71
47137 Duisburg
T. 0203 4291919
www.landschaftspark.de
Rund um die Uhr geöffnet

41 **Genießen**
Duisburg

Knorriger Inder

Wie ein Name doch täuschen kann: Hinter dem „Knorrigen“ verbirgt sich nicht mehr die bekannte Traditionskneipe im Uni-Stadtteil Neudorf, in der Tennisspieler nach dem Match gern ein kühles Blondes zischten. Stattdessen gibt es hier feinste indische Küche, die Gäste von weither anlockt und überschwängliche Bewertungen im Netz erntet. Vor allem der Fisch und die Meeresfrüchte erhalten Bestnoten. Kein Wunder, dass sich deshalb schon mal kleine Warteschlangen vor der Tür bilden. Wer reserviert, ist auf der sicheren Seite. Gutes belebt auch beim Inder, deshalb steht hier ein gepflegtes Pils Duisburger Brauart ganz oben auf der Karte.

Zum Knorrigen
Lotharstraße 144
47057 Duisburg
T. 0203 360606
www.zumknorrigen-duisburg.de
Di–Sa 17–24 Uhr, So 11–14 und 17–24 Uhr

Die Stadt am Fluss:

Mülheim an der Ruhr

1 **Entdecken**
Mülheim an der Ruhr

Mediterranes Flair an der Ruhr

Der Wasserbahnhof samt Biergarten auf der Schleuseninsel, knapp fünf oder sechs Gehminuten vom Rathaus entfernt, ist das beliebteste Ausflugsziel Mülheims. 1927 entstanden, gleicht er mit seiner runden Form einem Schiffsbug. Von hier starten die Schiffe der Weißen Flotte zu ihrer zehn Kilometer langen Tour durch das idyllische Ruhrtal mit Ziel Essen-Kettwig. Alternativen zur Fahrt mit dem „Möllemer Bötchen" gibt es reichlich: spazieren gehen, radeln oder einfach nur das mediterrane Flair genießen, das sich bei Sonnenschein garantiert einstellt. Dafür sorgt schon die 1953 angelegte Blumenuhr, deren Zifferblatt ausschließlich aus Pflanzen besteht.

Wasserbahnhof
Alte Schleuse 1
45468 Mülheim an der Ruhr
www.muelheim-ruhr.de

2 Entdecken
Mülheim an der Ruhr

Ökosystem Ruhr hautnah erleben

Die Ruhr hat sich erholt, den Beweis liefert das Naturerlebnismuseum Haus Ruhrnatur am Südende der Schleuseninsel. Hier wird das Ökosystem Ruhr in vielen Facetten dargestellt: Rotfedern, Brassen und Karpfen im Aquarium, Kleintiere unter dem Mikroskop, Gerüche und Geräusche. Aber auch Aspekte der Wasserwirtschaft: zum Beispiel, wie Wehre und Staumauern die Fließgeschwindigkeit beeinflussen. Der zweite Teil der Ausstellung im denkmalgeschützten ehemaligen Schülerbootshaus beschäftigt sich mit erneuerbaren Energien. Kinder und Erwachsene experimentieren mit Windrädern, Wasserturbinen und Sonnenkollektoren.

Haus Ruhrnatur
Alte Schleuse 3
45468 Mülheim an der Ruhr
T. 0208 4433380
www.haus-ruhrnatur.de
Di–So 10–18 Uhr

3 Genießen
Mülheim an der Ruhr

Kalte Wonne

Sie machen ein tolles Eis – und gelten als Vorboten des Frühlings. Wenn Ende Februar die Crew des Eiscafés Senatore im Stadtteil Oberdümpten die Türen öffnet, ist der Winter fast geschafft. Seit Ende der 1970er-Jahre verzücken die Senatores ihre Fangemeinde mit köstlichen Spezialitäten zu fairen Preisen – und verzichten zum Glück auf allzu gewagte Experimente, was die Kreation neuer Sorten angeht. Hier gibt es beste Qualität in einem ganz normalen Eissalon am Rande der Stadt. Der Weg lohnt sich.

Eiscafé Senatore
Heiermannstraße 10
45475 Mülheim an der Ruhr
T. 0208 753273
Mi–Mo 13–20.30 Uhr

Camera Obscura – Museum zur Vorgeschichte des Films
Am Schloss Broich 42
45479 Mülheim an der Ruhr
T. 0208 3022605
www.camera-obscura-muelheim.de
Mi–So 10–17 Uhr

4 Erleben
Mülheim an der Ruhr

Als die Bilder laufen lernten

Es dauerte eine Weile, bis sich herumgesprochen hatte, dass im denkmalgeschützten, 25 Meter hohen Broicher Wasserturm die größte begehbare Camera Obscura (Lochkamera) der Welt installiert wurde. Dank einer speziellen Spiegeloptik von Zeiss lässt sich dadurch auf einem Projektionstisch das 360-Grad-Panorama der Stadt betrachten – und zwar gestochen scharf, mit überraschenden Effekten. Seit 2006 gibt es im Wasserturm zudem eine lückenlose Dokumentation zur Vorgeschichte des Films, basierend auf der „Sammlung S“ des Wuppertalers Karl-Heinz W. Steckelings. Eine verblüffende Reise durch die Welt der bewegten Bilder und optischen Täuschungen. Sehenswert.

5 Entdecken
Mülheim an der Ruhr

Klosterleben im Mittelalter

„Dorf Saarn“ nennen die Mülheimer ihren schönsten Stadtteil. Die Düsseldorfer Straße mit ihren teils alten Häusern und vielen kleinen Läden ist weit über die Stadtgrenze hinaus bekannt. Zu Saarn gehört auch das gut 800 Jahre alte Zisterziensерinnenkloster, in dessen Hauptgebäude das Klostermuseum errichtet wurde – mit vielen Fundstücken aus der bewegten Geschichte des Klosters. Hier wurde Landwirtschaft betrieben, gebacken, Bier gebraut, Getreide gemahlen und vieles mehr. Klöster waren damals bedeutende Wirtschaftsunternehmen. „Ora et labora“ – „Bete und arbeite“, dieser Grundsatz begleitete die Ordensfrauen ihr Leben lang. Sehenswert auch der Kräutergarten des Klosters mit etwa 100 verschiedenen Pflanzen, darunter viele Heilkräuter.

Was die Nonnen damals anbauten und in der Klosterapotheke einsetzten, wächst auch heute wieder.

Kloster Saarn
Klosterstraße 53
45841 Mülheim an der Ruhr
T. 0208 487555
www.muelheim-ruhr.de

6 Genießen
Mülheim an der Ruhr

Welch ein Duft

Traditionelles Backhandwerk, beste Zutaten und den Verzicht auf Konservierungsmittel und Geschmacksverstärker verspricht Bäcker Lübben. In Zeiten, in denen immer mehr Menschen auf ihre Ernährung achten, haben Bäcker wie er Hochkonjunktur. Stammkunden kommen von weit her in Mülheims Dichterviertel, warten zu den Stoßzeiten geduldig, bis sie an der Reihe sind, und halten dabei nicht selten ein kleines Quätschchen mit dem Nachbarn in der Warteschlange. Der Duft von frischem Brot regt offenkundig die Kommunikation an.

Bäcker Lübben
Goetheplatz 3
45468 Mülheim an der Ruhr
T. 0208 472990
www.luebben-brot.de

7 Erleben
Mülheim an der Ruhr

Alles unter einem Dach

Im Eröffnungsjahr 1973 hatte das Rhein-Ruhr Zentrum, kurz RRZ genannt, an der Stadtgrenze zu Essen noch ein Alleinstellungsmerkmal. Einkaufszentren dieser Art waren damals in Deutschland weitgehend unbekannt. Im Lauf der Jahre kamen mit dem Westfield Centro Oberhausen und dem Limbecker Platz in Essen weitere Einkaufspaläste hinzu. Das RRZ punktet mit 200 Shops und Lokalen, Kino und Bowlingbahn, 5000 Parkplätzen und einer optimalen Verkehrsanbindung an die A 40. Im Konkurrenzkampf auf engstem Raum konnte man sich bislang gut behaupten. Wichtige Kaufhaus-, Bekleidungs- und Elektronikketten sind dort vertreten.

Rhein-Ruhr Zentrum
Humboldtring 13
45472 Mülheim an der Ruhr
T. 0208 495020
www.rrz.de

8 **Entdecken**

Mülheim an der Ruhr

Tradition, Kunst und Natur

Fast jeder ältere Mülheimer hat das Solbad Raffelberg im Lauf der Jahre kennengelernt. Entweder als Kind, das in den Inhalationsräumen des 1909 erbauten Jugendstilensembles gegen seinen Keuchhusten anatmen musste. Oder als Erwachsener mit „Rücken", der Entspannung im wohlig warmen Salzwasser der riesigen Holzbadewannen fand. 1992 endete der Badebetrieb, doch das ehemalige Solbad und sein reizvolles Umfeld blieben ein Ziel. Im Kursaal residiert das Theater an der Ruhr, gleich nebenan ein Restaurant. Der Raffelbergpark lockt mit altem Baumbestand zum Flanieren. Im Sommer lädt hier das Theater zu den „Weißen Nächten" ein. Kunst, Natur und die prachtvollen historischen Gebäude gehen eine wunderschöne Symbiose ein.

Solbad Raffelberg
Akazienallee 61
45478 Mülheim an der Ruhr
www.muelheim-ruhr.de
www.theater-an-der-ruhr.de

9 **Erleben**

Mülheim an der Ruhr

Schönste Verbindung zwischen Mülheim und Essen-Kettwig

Bis zur Industrialisierung wurden hier die mit Kohle beladenen Frachtkähne, Ruhraaken genannt, von Pferden an langen Leinen gegen die Strömung nach Kettwig gezogen. Doch der Name Leinpfad blieb und steht für einen der schönsten Wege entlang der Ruhr. Schon wenige hundert Meter vom Startpunkt gegenüber dem Wasserbahnhof wird die Bebauung immer spärlicher. Der Weg führt vorbei an Feldern und Weiden. Idylle und Natur pur. Etwa zehn Kilometer sind es zum Kettwiger Stausee. Das sollte aber niemanden abschrecken. Für Teilstrecken oder den Rückweg gibt es ja die Weiße Flotte.

Das auf unserem Foto abgebildete alte Schifferhaus am Leinpfad wurde 1784 erbaut.

Leinpfad
Startpunkt Luisental gegenüber Wasserbahnhof
45468 Mülheim an der Ruhr
Weiße Flotte Mülheim:
www.muelheim-ruhr.de/tourismus

10 Genießen
Mülheim an der Ruhr

Sternenküche und Kräuterbeete

Zu den Top-Restaurants der Stadt zählte Am Kamin schon immer. Doch seit der Guide Michelin 2016 den jungen Chefkoch Sven Nöthel, der inzwischen in Duisburg sein eigenes führt (S. 38), mit einem Stern adelte, nimmt der Gourmettempel in der Ruhrstadt unumstritten Platz eins ein. Das 1732 erbaute Fachwerkhaus steht auf dem Gelände einer ehemaligen Baumschule. Auch das neue Team zelebriert eine Küche, die im Regionalen verwurzelt und trotzdem raffiniert ist. Bio-Produkte werden gern verwendet, und als unerschöpfliches Reservoir gilt das 80 Quadratmeter große Beet im restauranteigenen Garten, in dem 40 Kräuter und seltene Gemüsesorten wachsen.

Restaurant Am Kamin
Striepensweg 62
45473 Mülheim an der Ruhr
T. 0208 760036
www.restaurant-amkamin.de
Di–Sa ab 18 Uhr

11 Entdecken
Mülheim an der Ruhr

Grüne Idylle im grauen Norden

Wie fast in allen Städten im Ruhrgebiet weist auch Mülheim ein Süd-Nord-Gefälle auf. Dabei hat auch der Norden attraktive Ziele zu bieten. Zum Beispiel Schloss Styrum: Das aus dem Mittelalter stammende Schloss wurde 1890 von August Thyssen gekauft, der in der Nähe ein Walz- und Röhrenwerk betrieb. 1959 ging es als Stiftung an die Stadt Mülheim. Im Zuge der Landesgartenschau 1992 wurden Schloss und der Barockgarten auf der Südseite umfassend saniert. Seither kommen Anwohner und Touristen gleichermaßen gern hierher und auch das Restaurant im Erdgeschoss lässt keine Wünsche offen.

Schloss Styrum
Moritzstraße 102
45476 Mülheim an der Ruhr
www.muelheim-ruhr.de

12 Entdecken
Mülheim an der Ruhr

Eintauchen in die Welt des Wassers

Von der Gewinnung aus der Tiefe bis zum Dreh am heimischen Wasserkran informiert das Aquarius Wassermuseum über alle Aspekte der Wasserversorgung und hat dazu 30 Medienstationen installiert. Sogar zur Weltwasserkonferenz lädt das Wassermuseum ein, das 1992 für die Landesgartenschau errichtet wurde. Der Standort könnte besser nicht sein: Es ist der über 100 Jahre alte Wasserturm des ehemaligen Thyssen-Werks in der Nähe. Gleich nebenan liegt Schloss Styrum. Tipp: Vom Wasserspeicher oben im Turm hat man einen herrlichen Rundblick auf Mülheim und Oberhausen.

Aquarius Wassermuseum
Burgstraße 70
45476 Mülheim an der Ruhr
T. 0208 4433390
www.aquarius-wassermuseum.de
Di–So 10–18 Uhr

13 Erleben
Mülheim an der Ruhr

Natur stadtnah und Kultur aus dem Hut

Ursprünglich sollte in dem alten Steinbruch Müll abgekippt werden. Zum Glück hatten die Stadtplaner in den 1930er-Jahren eine bessere Idee: Sie legten den Dimbeckpark mit Rosen- und Staudengarten an – und eine der größten und schönsten Naturbühnen Deutschlands dazu. Die Freilichtbühne mit ihren 2000 Sitzplätzen steht nach der Sanierung hoch im Kurs. Tagsüber als Ort der Ruhe, abends häufig mit Konzerten, Theater und Comedy. Künstler, Musiker und Techniker haben sich im Verein „Regler Produktion e.V." zusammengefunden, um den wunderschönen Open-Air-Standort zu erhalten und ein attraktives Programm anzubieten. Fast immer ist der Eintritt frei, unter dem Motto „Kultur aus dem Hut" bestimmt jeder selbst, was er zahlen will.

Freilichtbühne
Dimbeck 2a
45470 Mülheim an der Ruhr
T. 0208 8210777
www.muelheim-tourismus.de/sehenswertes/kunst-kultur/freilichtbuehne/

14 Entdecken
Mülheim an der Ruhr

Bei den alten Rittersleut

Knapp 300 Meter hinter der Schlossbrücke steht man vor dem ältesten Baudenkmal der Stadt: Schloss Broich. 883/884 als Sperrburg errichtet, gilt das Bauwerk als älteste karolingische Festung nördlich der Alpen und wurde später zum Schloss ausgebaut. Ausgesperrt oder als Feind betrachtet wird hier niemand mehr. Biergarten, Restaurant und Museum laden zum Besuch ein. Und bei Jazzkonzerten, Ritterfesten und dem mittelalterlichen Markt geht es hoch her auf den Zinnen. Apropos Museum: Der Mülheimer Geschichtsverein präsentiert dort ein dreidimensionales Modell Mülheims zur Zeit Napoleons.

Schloss Broich
Am Schloss Broich 27
45479 Mülheim an der Ruhr
www.muelheim-ruhr.de

15 Entdecken
Mülheim an der Ruhr

Malerei des 20. Jahrhunderts in der Alten Post

Im stattlichen Gebäude der Alten Post residiert seit 1994 das Mülheimer Kunstmuseum und hat seither mit seinen Exponaten zur Kunst des 20. Jahrhunderts einen guten Ruf erworben. Dazu beigetragen hat die Sammlung des Chemie-Nobelpreisträgers Karl Ziegler und seiner Frau. Zeichnungen und Gemälde von Max Beckmann, Max Ernst, Lyonel Feininger, Emil Nolde und vielen anderen sind in den intimen Kabinetten zu sehen. Natürlich gibt es auch weithin beachtete Wechselausstellungen und Veranstaltungen.

Kunstmuseum Mülheim
Synagogenplatz 1
45468 Mülheim an der Ruhr
T. 0208 4554171
www.kunstmuseum-mh.de
Di–So 11–18 Uhr,
Mi ab 14 Uhr freier Eintritt

16 Genießen
Mülheim an der Ruhr

Köstliches an der Schleuse

Nur wenige Meter von der Ruhrschleuse entfernt, mit Blick auf den Wasserbahnhof, liegt das Café Plati. Fast jeder Luftschnapper, der an schönen Tagen durch die Ruhranlagen spaziert, macht hier halt. Entweder um das legendäre Plati-Eis zu schlecken oder einen Kaffee zu genießen, der stets frisch gemahlen wird. Ganz zu schweigen von den anderen Köstlichkeiten. Glückliches Mülheim, das als einzige Stadt im Ruhrgebiet darauf verweisen kann, dass die Ruhr mitten durch die Stadt fließt.

Café Plati
Auf dem Dudel 24
45468 Mülheim an der Ruhr
T. 0208 31947
www.cafeplati.de

17 Entdecken
Mülheim an der Ruhr

Grabmäler erzählen Wirtschaftsgeschichte

Der Altstadtfriedhof, um 1800 unter Napoleon angelegt, ist viel mehr als eine Begräbnisstätte, er ist auch ein Dokument der Zeitgeschichte. Viele bedeutende und wohlhabende Mülheimer Familien des 19. Jahrhunderts haben hier ihre letzte Ruhestätte

gefunden, unter ihnen führende Mitglieder der Dynastien von Stinnes und Thyssen. Die wertvollen Grabmäler und Grabsteine machen den Gang über den Friedhof zu einem Streifzug durch die Wirtschafts- und Sozialgeschichte Mülheims und geben Einblick in die Grabstättenkultur früherer Zeiten.

Altstadtfriedhof
Kettwiger Straße 75
45468 Mülheim an der Ruhr
www.muelheim-ruhr.de

18 **Genießen**
Mülheim an der Ruhr

Himmel und Ääd mit Panhas

Wer die malerische Altstadt auf dem Kirchenhügel erleben will, muss schon ein paar Stufen erklimmen oder ein Stück bergan gehen. Direkt hinter dem Torbogen am Fuß der Altstadt, nahe der Petrikirche, liegt die „Mausefalle", ein 1655 erbautes Fachwerkhaus mit einem Gewölbekeller, dem Schankbereich im Erdgeschoss und dem Restaurant in den oberen Etagen. Küchenchef Hendrik Peek setzt bewusst auf saisonale und regionale Küche und baut Kräuter und Gemüse zum Teil selbst an. „Himmel und Ääd mit Panhas" ist einer der Klassiker auf der Karte der Mausefalle, in die man gern hineintappt.

Restaurant Mausefalle
Bogenstraße 8
45468 Mülheim an der Ruhr
T. 0208 3059860
www.mausefallemuelheim.de
Mo–Sa ab 17 Uhr

19 **Entdecken**
Mülheim an der Ruhr

Heute dreht sich alles um Kultur

Früher wurden im alten Eisenbahndepot die Dampfloks gedreht, heute dreht sich alles um Kunst und Kultur. Der Ringlokschuppen gehört zu den Segnungen, die Mülheim im Rahmen der Landesgartenschau 1992, kurz MüGa genannt, erfahren hat. Aus dem unzugänglichen Gelände in Ruhrnähe ist ein weitläufiger Park geworden. An dessen Rand ist ein Hotspot für zeitgenössisches Theater, Konzerte und Ausstellungen entstanden, der bei Open-Air-Veranstaltungen immer gut besucht ist. Circa zehn Minuten benötigt man vom Ruhrufer aus zu Fuß. Die Dampfloks fahren leider nicht mehr.

Ringlokschuppen
Kultur
Am Schloss Broich 38
45479 Mülheim an der Ruhr
T. 0208 993160
www.ringlokschuppen.de
Gastronomie
Do und Sa 14–23 Uhr, So 14–19 Uhr
und bei Veranstaltungen

20 Entdecken
Mülheim an der Ruhr

Das geht auf eine Kuhhaut

Dass Mülheim einst die Lederstadt Nummer eins in Deutschland war, wird oft vergessen. 1924 gab es hier 52 Gerbereien mit 2100 Arbeitern. Das Leder war europaweit gefragt. Aber auch deutsche Motorradpolizisten bekamen ihre Lederkombi aus der Ruhrstadt. Heute gibt es nur noch eine Gerberei. Im Leder- und Gerbermuseum lernt der Besucher die Geschichte der Lederproduktion und die einzelnen Arbeitsschritte kennen. Wer mag, kann im Rahmen von Workshops selbst einmal gerben.

Leder- und Gerbermuseum
Düsseldorfer Straße 269
45481 Mülheim an der Ruhr
T. 0208 3021070
www.leder-und-gerbermuseum.de
Mi–So 14–18 Uhr

21 Genießen (Pommes-Tipp)
Mülheim an der Ruhr

Mülheims Kult-Pommesbude

Lange Schlangen an der Imbisstheke, beste Qualität und riesige Portionen zeichneten Erikas Braterei schon immer aus. Kein Ruhrgebietsführer ohne eine Würdigung der freundlichen Blondine an der Fritteuse, die weit über die Stadtgrenzen hinaus bekannt war. Profikoch Frank Betke hat den Kultgrill 2017 übernommen und freut sich, dass die Kunden ihm weiterhin die Bude einrennen – auch ohne Erika. CPM ist natürlich Standard. Aber es gibt auch einen täglich wechselnden Mittagstisch.

Erikas Braterei
Aktienstraße 30
45473 Mülheim an der Ruhr
T. 0208 37797160
www.Erikas-Braterei.eatbu.com
Mo–FR 11.30–21.30 Uhr,
So 15–21.30 Uhr

Viel mehr als Westfield Centro und Gasometer:

Oberhausen

1 Erleben
Oberhausen

Grüne Lunge nicht nur für Malocher

Harte Maloche war bis in die 1970er-Jahre angesagt in Oberhausen. Tief durchatmen konnten die Leute am besten im Kaisergarten, der 1898 angelegt wurde – ein wunderschöner Park mit altem Baumbestand und einem See in der Mitte. Zechen und Stahlwerke sind verschwunden, der Kaisergarten als Naherholungsziel ist geblieben. Eine 28 Hektar große grüne Oase, die im Norden vom Rhein-Herne-Kanal begrenzt wird. Das Tiergehege mit seinen etwa 500 Bewohnern, darunter seltene heimische Wildtiere wie Nordluchs, Wolf und Steinbock, ist allein schon den Besuch wert. Lobenswert: Der Eintritt ist frei. Ganz in der Nähe: Schloss Oberhausen mit der LUDWIGGALERIE.

Kaisergarten am Schloss Oberhausen
Konrad-Adenauer-Allee 46
46049 Oberhausen
www.oberhausen.de
Tgl. 9–19 Uhr, im Winter 9–17 Uhr

2 Entdecken
Oberhausen

Begehbares Kunstwerk macht Laune und verbindet

Seit 2011 verbindet die wohl ungewöhnlichste Fußgängerbrücke der Welt den Kaisergarten samt Schloss Oberhausen mit der Emscherinsel. Ihr offizieller Name „Slinky springs to fame" ist einem amerikanischen Spiralspielzeug nachempfunden – doch im Ruhrgebiet nennen sie alle nach ihrem Schöpfer Tobias Rehberger. Wie ein Lasso schwingt sich die leicht federnde, 406 Meter lange Brücke über den Kanal, bestehend aus 496 Spiralwindungen und 88 Betonteilen in 16 Farbtönen. Per Lichtinstallation kommt sie nach 20 Uhr wunderbar zur Geltung. Ein begehbares Kunstwerk ist die Brücke, wild und unregelmäßig, leicht und lebendig sei sie, sagen Kenner.

Rehberger-Brücke im Kaisergarten
Konrad-Adenauer-Allee 46
46049 Oberhausen
www.oberhausen.de

3 Erleben
Oberhausen

Hohe Kunst und scheinbar Triviales

Mordillo war hier. Die Tigerente von Janosch ebenfalls. Comic und Plakate und Video. Berühmte Fotos von Könnern wie Jim Rakete, Helmut Newton oder Magnum-Gründer Henri Cartier-Bresson. Zeichnungen von Georg Baselitz, Markus Lüpertz und A.R. Penck, Grafiken von Albrecht Dürer und Pablo Picasso werden ebenso ausgestellt wie Kunstwerke der Antike. Hohe Kunst und scheinbar Triviales findet man in den wechselnden Ausstellungen im 1998 umgebauten klassizistischen Schloss Oberhausen. Auch der Strukturwandel des Ruhrgebiets und die in seinem Gefolge gestalteten Landmarken finden ihren Platz. Und rundherum atmet die grüne Lunge am Kanal, der Kaisergarten.

LUDWIGGALERIE
Schloss Oberhausen
Konrad-Adenauer-Allee 46
46049 Oberhausen
T. 0208 4124928
www.ludwiggalerie.de
Di–So 11–18 Uhr

4 Genießen
Oberhausen

Tafelspitz und Kaiserschmarrn

Das ehemalige Falstaff heißt heute Zum Wilden Kaiser und ist weiterhin eine Theaterkneipe im besten Sinne. Samtvorhänge, alte Fotos an den Wänden und Kristalllüster kontrastieren mit blanken Tischen und Stühlen. Alles leicht angegraut und deshalb authentisch. Vor einiger Zeit hat der Ur-Österreicher Siegi Tiefenbrunner das Falstaff übernommen und um einen starken österreichischen Akzent erweitert. Im Wilden Kaiser gibt es neben den gewohnten Standards jetzt feinste Alpenland-Spezialitäten. Tafelspitz und Kaiserschmarr'n haben eine große Fangemeinde gefunden. Felix Austria, kann man da nur sagen.

Zum Wilden Kaiser
Ebertstr. 70
46045 Oberhausen
T. 0208 29938800
www.zumwildenkaiser.ruhr
Mi–So ab 17 Uhr
Küche bis 21 Uhr

5 Entdecken Oberhausen

Plötzlich war der Krieg vor der Haustür

Rund 400 000 Bomben wurden während des Zweiten Weltkriegs auf Oberhausen abgeworfen. Als Industrie- und Rüstungsstandort war die Stadt ein wichtiges Ziel für die Alliierten. Ab 1940 wurde mehr und mehr klar, dass es nicht nur an der Front gefährlich war, sondern auch in der Heimat. Bunker wurden gebaut. In einem dieser Bunker entstand 1999 das Bürgerzentrum Alte Heid, das in seiner unteren Etage das Bunkermuseum beherbergt. Hinter 110 Zentimeter dicken Mauern suchten über 2000 Menschen Schutz, zugelassen war er für 767. Sanitäre Anlagen, Technik- und Flurräume blieben erhalten. Es herrschten bedrückende Zustände. Das Museum erinnert daran und beschäftigt sich durch Workshops und Kunstprojekte mit dem finstersten Kapitel der deutschen Geschichte.

Bunkermuseum Oberhausen
Alte Heid 13
46047 Oberhausen
T. 0208 60705310
www.bunkermuseum-oberhausen.de
Mi und So 14–18 Uhr, Eintritt frei

6 Entdecken Oberhausen

Europas größtes Einkaufszentrum

Zum Tourismusboom im Ruhrgebiet – ja, es gibt ihn – trägt Europas größtes Einkaufs- und Freizeitzentrum CentrO, das seit 2021 Westfield Centro heißt, maßgeblich bei. 23 Millionen Besucher kommen jährlich. Sie finden auf inzwischen 125 000 Quadratmetern Verkaufsfläche und in 250 Einzelhandelsgeschäften sowie vielen Lokalen alles, was ihr Herz begehrt. Der dazugehörige Freizeitbereich mit SEA LIFE Aquarium (Tipp 12), Legoland Discovery Centre (Tipp 22), dem Metronom-Theater mit gängigen Erfolgsmusicals und der 12 000 Zuschauer fassenden König-Pilsener-Arena sorgen mit dafür, dass es fast immer pickepackevoll ist im Westfield Centro. Auch wer kein Freund solcher Supermalls ist, muss anerkennen, dass hier ein signifikanter Strukturwandel stattgefunden hat. Bis in die 1970er-Jahre war das Gelände nämlich ein bedeutender Hütten- und Stahlstandort.

Westfield Centro
Centroallee 1000
46047 Oberhausen
T. 0208 8282055
www.westfield.com/centro

7 Genießen
Oberhausen

Ein bisschen Sonne im kalten Wasser
Als 1996 das CentrO mit zahlreichen Läden eröffnete, begann für die alte Oberhausener Mitte mit ihrer damaligen Prachtmeile Marktstraße der Niedergang. Doch zum Glück gibt es Pioniere wie Emile Moawad, der mit seiner WeinLounge „Le Baron" dagegenhält und die bis dato öde obere Markstraße mit Freundlichkeit und Kompetenz belebt hat. In südländischer, rustikaler Atmosphäre finden Weinliebhaber hier edle französische und italienische Weine, aber auch preisgünstige Geheimtipps, Käse und Antipasti. Gut eingeschlagen hat die leichte Küche, die „Le Baron" mittags und abends serviert.

WeinLounge „Le Baron"
Marktstraße 146
46045 Oberhausen
T. 0208 8848970
www.weinlounge-lebaron.de
Di–Do 12–15 Uhr, 17.30–22 Uhr,
Fr u. Sa 17.30–23 Uhr

8 Erleben
Oberhausen

Literatur zum Genießen
Neuerdings in der Kultkneipe Gdanska (S. 68) lädt der Verein Literaturhaus in regelmäßigen Abständen hochkarätige Literaten zu Lesungen ein. Vorsitzender Hartmut Kowsky-Kawelke und sein Team konnten schon schreibende Stars wie Gisbert Haefs, Frank Witzel oder Eva Menasse präsentieren und haben noch große Pläne. Wein- und Literaturgenuss – eine schöne Kombination. Einfach mal auf die Homepage schauen.

Literaturhaus
Altmarkt 3
46045 Oberhausen
www.literaturhaus-oberhausen.de
Mi 18–22 Uhr, Fr (nur an Veranstaltungstagen) 18–22 Uhr

9 Genießen
Oberhausen

Großer Spaß mit kleinem Ball

Hole in one, also den Golfball direkt ins Loch zu schlagen, ist noch nicht möglich. Aber den Abschlag üben – das lässt sich im Topgolf, ganz in der Nähe des Westfield Centro, prächtig. In Oberhausen wurde dafür auf über 30000 Quadratmetern eine dreistöckige Driving Range mit einem 220 Meter langen Zielbereich und 102 Abschlagsboxen errichtet, den Bays. Bis zu sechs Personen finden hier bequem Platz. Alle Bälle sind mit einem Mikrochip versehen. Von der Bay aus muss der vorgewählte Zielbereich aus leuchtenden Kreiselementen getroffen werden. Nach dem Abschlag werden die Punkte ermittelt. Unterhaltung und Genuss kommen dabei nicht zu kurz. Topgolf, die jüngste Freizeitattraktion der Stadt, lockt mit einem Restaurant, drei Bars und einem riesigen Bildschirm für Sportübertragungen auch Besucher an, die noch nie auf einem Golfplatz standen.

Topgolf
Brammenring 30
46047 Oberhausen
T. 0208 629220
www.Topgolfoberhausen.com

10 Entdecken
Oberhausen

Wiege der Ruhrindustrie

1758 ging hier die erste Eisenhütte in Betrieb, Oberhausens Ruf als „Wiege der Ruhrindustrie“ war damit zementiert. Vieles verschwand im Lauf der Jahrhunderte. Zum Glück blieb das historische Wohn- und Kontorhaus erhalten und bietet heute spannende Einblicke in die zeitweise turbulente Entwicklung. Die zerstrittenen Erben des Gründers Franz Ferdinand von der Wenge verkauften die Hütte nämlich an zwei Interessenten gleichzeitig. Angeblich wurde die Sache später mit dem Vorderlader entschieden. Direkt gegenüber wurden die Fundamente der alten Gießhalle freigelegt und mit einem schützenden Stahldach überspannt. Bei jedem Wetter ist es nun möglich, auf Stegen durch die Grabung zu gehen.

LVR-Industriemuseum
St. Antony-Hütte
Antoniestraße 32–34
46119 Oberhausen
T. 02234 9921555
www.industriemuseum.lvr.de
Di–Fr 10–17 Uhr, Sa–So 11–18 Uhr

11 Erleben Oberhausen

Einlochen am Schacht

Nur keine Angst, der Ball landet nicht im tiefen Schacht. Und dreckig wird man auch nicht. Auf dem ehemaligen Zechengelände Jacobi finden Anfänger und Fortgeschrittene alles, was sie zum Golfen benötigen. Ohne Clubmitgliedschaft und hohe Aufnahmegebühren ist es möglich, zwanglos das Golfen zu erlernen. Neulinge finden mit dem 9-Loch-Kurzplatz ein ideales Übungsfeld vor. Nach kurzer Einführung kann mit einer Tageskarte gespielt werden. Eine Ausrüstung kann man auch mieten.

Golfclub Oberhausen
Jacobistraße 35
46119 Oberhausen
T. 0208 29973
www.pott-golf.de

12 Entdecken Oberhausen

Abtauchen in eine fremde Welt

Gleich neben den trüben Fluten des Rhein-Herne-Kanals und direkt am Westfield Centro (Tipp 6) tut sich im SEA LIFE Oberhausen eine faszinierende Unterwasserwelt auf. Kleine Haie, majestätische Rochen und Kugelfische lassen sich von der Unterwasserkuppel aus beinahe berühren. Von den Quellen des Rheins bis in die Tiefen des Pazifischen Ozeans werden hier die unterschiedlichsten Lebensräume gezeigt. Mit über 5000 Meeres- und Flussbewohnern in mehr als 50 speziell angelegten Becken zieht das größte SEA LIFE Aquarium Deutschlands Jahr für Jahr mehr Besucher an. Besonders beliebt: das 1,5 Millionen Liter fassende tropische Ozeanbecken mit seiner kunterbunten Vielfalt. An Wochenenden und in den Ferien wird es ziemlich voll im SEA LIFE.

SEA LIFE Oberhausen
Zum Aquarium 1
46047 Oberhausen
Tel. 01806 66690101 (0,20 €/Anruf aus dem dt. Festnetz, Mobilfunk max. 0,60 €/Anruf)
www.visitsealife.com/oberhausen
Tgl. 10–18.30 Uhr

13 Entdecken
Oberhausen

Der tanzende Strommast

Den Zauberlehrling (walle, walle) kennen wir von Goethe, doch es gibt auch einen Zauberlehrling am Rhein-Herne-Kanal. So heißt die 35 Meter hohe Stahlskulptur der Berliner Gruppe Inges Idee, die im Rahmen des Projekts Emscherkunst 2013 entstanden ist. Sie wird gern mit einem Strommast verglichen, der aus der Reihe tanzt. Ganz wie der Lehrling, der sich seinem Meister entzieht. Den Zauberlehrling mit seinen geschwungenen Formen und andere Skulpturen erwandert man am besten auf dem Kunstpfad, der an verschiedenen Skulpturen in der Nähe des Rhein-Herne-Kanals vorbeiführt. Startpunkt ist das RVR-Besucherzentrum Haus Ripshorst. Dort gibt es ausreichend Parkplätze (Tipp 27).

„Zauberlehrling" am RVR-Besucherzentrum Haus Ripshorst
Ripshorster Straße 306
46117 Oberhausen
T. 0208 8833483
www.metropoleruhr.de
www.emscherkunst.de

14 Genießen
Oberhausen

Es lebe die polnisch-deutsche Freundschaft

Nirgendwo sind sich Polen und Deutschland näher als im Gdanska. Kulturcafé oder rustikales Restaurant, Ausstellungsort oder Konzertbühne – hier kommt jeder klar, selbst wenn er nur ein polnisches Bier oder das Nationalgericht Bigosz verklappen will. Patron Czeslaw Golebiewski und seine Frau Maria haben seit dem Jahr 2000 so viele Impulse für das kulturelle und gesellschaftliche Miteinander in Oberhausen gesetzt, dass sich das sogar bis Warschau herumgesprochen hat. Dort wurde nämlich entschieden, Czeslaw Golebiewski für seinen Beitrag zur Völkerverständigung einen hohen polnischen Verdienstorden zu verleihen.

Gdanska
Altmarkt 3
46045 Oberhausen
T. 0208 6201375
www.gdanska.de
Di–Sa 18–1 Uhr, So 11– 23 Uhr

15 Erleben
Oberhausen

Kino wie in den 1950er-Jahren

Den schönen alten Kinosaal, in dem ein roter Samtvorhang die Leinwand freigibt, das Licht langsam erlischt und der Besucher sich wohlig in den etwas abgeranzten Sessel sinken lässt, gibt es nicht mehr allzu oft. Die Lichtburg in Oberhausen zeigt zwar die neuesten Filme, ist aber sonst ziemlich old fashioned und deshalb so beliebt.

Lichtburg-Filmpalast
Elsässer Straße 26
46045 Oberhausen
T. 0208 824290
www.lichtburg-ob.de

16 Entdecken
Oberhausen

Die berühmteste Tonne der Welt

In den 1980er-Jahren hätten die Oberhausener den alten Gasspeicher der Gute-Hoffnungs-Hütte beinahe abgerissen, heute gilt er als Wahrzeichen der Stadt. Und seit 1999 Verpackungskünstler Christo sein aus 13 000 bunten Ölfässern bestehendes Kunstwerk „The Wall“ aufbaute, kennt man den „Gaso“ rund um den Erdball als spektakulären Ausstellungsort. Der größte Gasbehälter Europas (117,5 Meter Höhe und 67,6 Meter Durchmesser) hat mit Ausstellungen wie „Wunder der Natur“ und aktuell „Das zerbrechliche Paradies“ im Lauf der Jahre Millionen Besucher angezogen. Atemberaubend ist der Blick vom Dach der Riesentonne. Bei klarem Wetter sieht man fast das gesamte Ruhrgebiet.

Gasometer
Arenastraße 11
46047 Oberhausen
T. 0208 8503730
www.gasometer.de
Di–So 10–18 Uhr

17 Entdecken
Oberhausen

Der Pionier des deutschen Designs

Das LVR-Industriemuseum Zinkfabrik Altenberg wird derzeit saniert und wird daher erst ab 2021 wieder den Aufstieg der Industriebarone und die Entwicklung des Ruhrgebietes zur weltweit größten Industriezone präsentieren. Aber es gibt noch das zweite Standbein des Museums, den nach dem berühmten Architekten und Industriedesigner benannten Peter-Behrens-Bau. Er dient als zentrales Sammlungsdepot für gut 100.000 Exponate aus der Zinkfabrik Altenberg. Gleichzeitig ist der 90 Meter lange Bau, der die Formensprache des Bauhauses und der neuen Sachlichkeit verkörpert, Ausstellungshaus. So informiert eine Dauerausstellung über den Design-Pionier Behrens und sein Werk.

LVR-Industriemuseum
Peter-Behrens-Bau
Essener Straße 30
46047 Oberhausen
www.industriemuseum.lvr.de
Di–Fr 10–17 Uhr, Sa–So 11–18 Uhr

18 Genießen
Oberhausen

Feine Küche und ein Sacklager

1858 drehten sich zum ersten Mal die Flügel der im Lauf der Jahrzehnte mehrfach restaurierten Windmühle. Wenn heute zwecks Demonstration gemahlen wird, kommt die Energie allerdings aus der Steckdose. Die Baumeister-Mühle mit ihrem Sacklager hat sich als angesagter Veranstaltungsort etabliert und kann dazu noch mit feiner Küche aufwarten. Das angeschlossene Restaurant „Il Carpaccio“ hat einen guten Ruf.

Baumeister-Mühle
Homberger Straße 1
46149 Oberhausen
T. 0208 657074 (Mühlenbesichtigung) oder T. 0208 2050425 (Restaurant)
www.baumeister-muehle.de

19 Erleben
Oberhausen

Lupenreines Kleinkunstvergnügen
Wir schreiben die Jahre 1894/95. Nur wenige Wohnungen haben ein eigenes Bad. Wer sich schmutzig fühlt, dem bleibt nur die Badeanstalt. Bis in die 1970er-Jahre wurde im Ebertbad noch geschwommen und der Buckel geschrubbt. Dann baute Werner Ruhnau das Schwimmbad zu einem Kleinkunst- und Kabarett-Theater um, das inzwischen weit über Oberhausen hinaus seine Fans hat. Betreiber Hajo Sommers hat hier eine Comedy-, Kabarett- und Revuebastion errichtet, die wegen ihrer dichten Atmosphäre von Publikum und Künstlern sehr geschätzt wird. Kabarettistin und Regisseurin Gerburg Jahnke (Ladies Night) trägt ihrerseits mit knackigen Inszenierungen dazu bei, dass im Ebertbad die Stimmungswellen hochschlagen.

Ebertbad
Ebertplatz 4
46045 Oberhausen
T. 0208 2054028
www.ebertbad.de
Mo–Fr 10–18 Uhr und zu den Abendveranstaltungen

20 Erleben
Oberhausen

Bitte anschnallen
Dass mitten im Ruhrpott einer der größten Naturhochseilklettergärten Deutschlands liegt, darf man getrost als Überraschung betrachten. Paare, Cliquen, Firmenbelegschaften, aber auch Einzelkämpfer bewegen sich in schwindelnder Höhe von Baum zu Baum und suchen den Nervenkitzel. 16 Parcours – von leicht bis schwer – und über 200 Kletterelemente stehen auf dem 17 000 Quadratmeter großen Gelände zur Verfügung. Ob auf der tibetanischen Burmabrücke oder der 70 Meter langen Doppelseilrutsche für Verliebte, die gar nicht voneinander lassen wollen – der Kick ist garantiert.

tree2tree Hochseilgarten – am Gasometer
Arenastraße 13
46047 Oberhausen
T. 01805 873328733
www.tree2tree.de

21 Entdecken
Oberhausen

Von edlen Rittern und schönen Burgfräuleins

Gleich gegenüber verlaufen Emscher und Autobahn, doch hinter dem aufgeschütteten Wall der A 42 taucht der Besucher in eine andere Zeit ein. Mit ihren dicken Mauern, den Schießscharten und dem prägnanten Torgebäude könnte die trutzige Burg Vondern auch als Kulisse für einen Historienfilm dienen. Nicht nur im Mittelalter wurde hier gefeiert. Auch heutzutage herrscht Leben auf der Burg, die einst völlig von Wasser umgeben war. Kulturveranstaltungen, fröhliche Feste und Ausstellungen ziehen die Besucher an. Burgführungen sind möglich. Tipp: Vor dem Besuch am besten auf der Homepage bzw. per Kontaktformular informieren.

Förderkreis Burg Vondern
Arminstraße 65
46117 Oberhausen
www.burg-vondern.de

22 Entdecken Oberhausen

Mit vier Millionen Steinen wird hier mächtig geklotzt

Lego lebt. Auch im 21. Jahrhundert sind die bunten Bausteine unverändert populär – trotz Playstation. Zu beobachten ist dies im Legoland Discovery Centre auf dem Gelände des Westfield Centro (Tipp 6), das sich zu einem Publikumsmagneten entwickelt hat. Über vier Millionen Steine stehen den kleinen Baumeistern zur Verfügung, deren Fantasie auf 2800 Quadratmetern keine Grenzen gesetzt sind. Daneben gibt es auf dem Rundgang durch das MINILAND eine Menge zu bestaunen – so der aus 272 000 Steinen entstandene Kölner Dom. Klettergerüste, 4D-Kino und anderes machen es schwer, die lieben Kleinen hier wieder wegzukriegen.

Legoland Discovery Centre Oberhausen
Promenade 10
46047 Oberhausen
www.legolanddiscoverycentre.de/Oberhausen
Mo–Fr 10–17.30 Uhr, Sa–So 10–18.30 Uhr

23 Genießen Oberhausen

Flammkuchen und Gänsegeschnatter

Gut versteckt im Grenzbereich zu Essen-Frintrop liegt das schnucklige Gartencafé, das besonders gern von Radfahrern und Spaziergängern angesteuert wird. Susanne Hausmann hat das ehemalige Vereinsheim gemeinsam mit Freunden zu einem angesagten Ausflugsziel gemacht. Es geht betont zwanglos zu, mit selbstgebackenem Kuchen und Flammkuchen aus dem eigenen Backhaus. Ganz in der Nähe schnattert das Federvieh, weshalb das Café auch ganz offiziell Gartenhaus zu den 4 Schafen bei den 5 Gänsen heißt. Auch hier gilt: Vor dem Besuch auf die Homepage schauen, ob tatsächlich geöffnet ist.

Gartenhaus zu den 4 Schafen
Hausmannsfeld 102
46047 Oberhausen
www.gartenhaus-oberhausen.de

24 Genießen
Oberhausen

Die Nummer eins in der Stadt

In der Mitte der 1990er-Jahre, mitten in der Bauphase des nahe gelegenen Westfield Centro (Tipp 6), eröffnete Jörg Hackbarth sein Restaurant und startete damit rasch durch. Heute zählt der Meister zu den bekanntesten Köchen der Region, dessen Kochkunst keiner bestimmten Richtung folgt, sondern genug Freiraum für fantasievolle Kreationen lässt. Die Qualität ist hervorragend, der Service auch, das Preis-Leistungs-Verhältnis überzeugt. Kein Wunder, das Hackbarth's in der Rangfolge der örtlichen Gourmettempel vorne liegt.

Hackbarth's Restaurant
Im Lipperfeld 44
46047 Oberhausen
T. 0208 22188
www.hackbarths.de
Di–Fr 12–14.30 Uhr u. 18–21.30 Uhr, Mo u. Sa 18–21.30 Uhr (Küchenzeiten)

25 Erleben
Oberhausen

Willze rein, musse klingeln

Ein Hostel, datt is wo du für wenich Pinunsen pennen kannz! Datt is wo'e viele töffte Leute ausse ganzen Welt kennenlernen kannz. Datt is 'ne Mischung aus Sternehotel und Jugendherberge, aba ohne Sterne, wenne vastehs, watt ich meinen tu – im Ruhri-Sprech beschreibt das in hostel veritas seine Philosophie und liefert selbstredend auch eine hochdeutsche Version. Im Klartext: Wunderbar schräges Hostel nicht nur für Backpacker im Mehrbettzimmer, mit spätem Frühstück, Grillabenden und Biergarten. Das Hostel im ehemaligen Torhaus der Zeche Oberhausen ist auch eine angesagte Location für Leute, die nicht hier wohnen, sich aber an dem Gewusel aus Gelsenkirchener Barock, Fußball- und Engelsbildern und coolen Sprüchen für alle Lebenslagen erfreuen. Ein Beispiel aus dem Gemeinschaftswaschraum: „Vergiss die Ohren nicht. Gruß Mama."

in hostel veritas
Essener Straße 259
46047 Oberhausen
T. 0208 8690884
www.in-hostel-veritas.de

26 Erleben
Oberhausen

Bergbau-Erlebnisbad

Ein Bergbau-Erlebnisbad mit einem 18 Meter hohen Förderturm als Sprunganlage gibt es nur in Oberhausen. Auch die längste X-Tube-Rutsche und die auffahrbare Glaskuppel sind schwer zu toppen. Natürlich hat man auch Wert auf einen kindgerechten Familienbereich gelegt. Der Außenbereich ist ganzjährig geöffnet. Das relativ neue Bad am Rhein-Herne-Kanal hat sich rasch zu einem Publikumsmagneten entwickelt.

AQUApark Oberhausen
Heinz-Schleußer-Straße 1
46047 Oberhausen
T. 0208 6253590
www.aquapark-oberhausen.com
Tgl. 9–21 Uhr

27 Entdecken
Oberhausen

Sehr viel Industrienatur

Ganz in der Nähe verläuft schnurgerade der Rhein-Herne-Kanal, viele Walker und Radfahrer sind hier unterwegs. Mittendrin residiert seit 1999 in dem alten Bauernhof Haus Ripshorst das Informationszentrum Emscher Landschaftspark, das zum Regionalverband Ruhr (RVR) gehört. In einer Dauerausstellung erfährt der Besucher vieles über die vom Menschen geschaffenen Landschaftsformen und die besondere Industrienatur, die Grünanlagen und die vielen Landmarken des Emscher Landschaftsparks (z. B. den Zauberlehrling, Tipp 13). Rund um das Gebäude erstrecken sich Wiesen, Bäume und Sträucher. Auf einer Länge von zwei Kilometern wurden zudem zahlreiche unterschiedliche Bäume gepflanzt und mit Schautafeln versehen. Ein Baumlehrpfad im klassischen Sinn.

RVR-Besucherzentrum
Haus Ripshorst
Ripshorster Straße 306
46117 Oberhausen
T. 0208 8833483
www.metropoleruhr.de

28 **Entdecken**
Oberhausen

Der Kampf der Bewohner

Als der ältesten Arbeitersiedlung im Revier – sie stammt aus der Mitte des 19. Jahrhunderts – in den 1970er-Jahren der Abriss drohte, kämpften die Bewohner vehement gegen den Verlust ihrer Heimat. Im Museum Eisenheim werden die alten Zeiten noch einmal lebendig. Es dokumentiert die Geschichte der Siedlung, das Leben in der „Kolonie" und den langen Widerstand gegen den Abbruch, der letztlich Erfolg hatte.

Siedlung und Museum Eisenheim
Berliner Straße 10a
46117 Oberhausen
www.industriemuseum.lvr.de
(St. Antony-Hütte)
Von Ostermontag bis 31. Oktober
So 11–18 Uhr und nach Vereinbarung

29 Genießen
Oberhausen

Gutes von der Stadtgrenze

Seit über 100 Jahren gibt es das Restaurant Frintrop im Städte-Dreieck Oberhausen- Essen-Mülheim. Aus der einstigen Bergmannskneipe wurde in den 1980er-Jahren eines der Top-Restaurants des Ruhrgebiets. Küchenchef Hermann Frintrop lässt es inzwischen ruhiger angehen. Dass er nach wie vor ein Meister seines Faches ist, wird jeder bestätigen, der jemals in die heimelige Gaststube mit dem uralten Büfett als Blickfang eingekehrt ist. Gediegene Küche, fein auf den Punkt zubereitet und mit einem Lächeln serviert – was will der Mensch mehr. Und wenn die Temperaturen stimmen, lässt es sich auch im schattigen Garten bestens verweilen.

Restaurant Frintrop
Mühlenstraße 116
46047 Oberhausen
T. 0208 870975
www.restaurant-frintrop.de
Mo–Sa 17–22 Uhr
So 12–14 Uhr, 17–22 Uhr
Di Ruhetag

30 Genießen (Pommes-Tipp)
Oberhausen

Oberhausener Institution

Ein typischer Ruhrpott-Grill, also keine Designer-Ausstattung. Seit 1988 gibt es die Bären im Knappenviertel – und sie sind nicht ohne Grund inzwischen bärenstark und weit über Oberhausen hinaus bekannt geworden. Das liegt auch am umfangreichen Angebot jenseits der üblichen Schnellrestaurant-Palette von Currywurst bis Pommes. Steaks, Eintöpfe, Fisch – alles ist möglich und wird gut bewertet. Die Bären halten zudem ein Tagesangebot vor, liefern auch aus und betreiben einen florierenden Catering-Service. Ein kleines Reich, gegründet auf Pommes.

Bärengrill
Knappenstraße 62
46047 Oberhausen
T. 0208 866893
www.baerengrill.de
Di–Sa 11.30–22 Uhr, So 12–22 Uhr

Szeneviertel, große Oper und die Pracht der Ruhrbarone:

Der Essener Süden

1 Genießen
Essen-Rüttenscheid

Das Hofbräuhaus des Ruhrgebiets

Nachtschwärmer, Touristen, Kiezgänger, Einheimische – im Ampütte sitzen oder stehen alle Spezies von Gästen einträchtig zusammen. Im Kneipen-Ambiente der frühen 1950er- und 1960er-Jahre mit Asbach-Leuchtreklame funktioniert nach kürzester Zeit auch das Gespräch mit dem Nachbarn. Essens ältestes und bekanntestes Lokal ist eine Art Hofbräuhaus auf Ruhrpott-Art, also mit Pils und Currywurst. Freitags und samstags hat die Küche sogar bis vier Uhr nachts geöffnet.

Die Ampütte
Rüttenscheider Straße 42
45128 Essen
T. 0201 775572
www.ampuette-essen.de
Mo–Di 17–1 Uhr, Mi–Do 17–2 Uhr, Fr–Sa 18–4 Uhr

2 Erleben
Essen-Bredeney

Die Pracht der Ruhrbarone

Exklusive Lage auf den Ruhrhöhen, 269 Räume, 8100 Quadratmeter Wohnfläche und ein weitläufiger, 28 Hektar großer Park – nirgendwo wird die Macht und Pracht der Ruhrbarone so spürbar wie in der Villa Hügel. Von 1870 bis 1873 ließ Alfred Krupp die Gründerzeitvilla im klassizistischen Stil bauen – möglichst weit entfernt vom Gussstahlwerk, das sein Vater Friedrich Krupp gegründet hatte. Noch heute spiegeln die großen Säle mit kunstvollen Verkleidungen aus dunklem Holz, die unermesslich wertvollen flämischen Wandteppiche und die zahlreichen Gemälde den Glanz vergangener Zeiten. Im Kleinen Haus nebenan wird die Geschichte der Krupp-Dynastie und des Unternehmens erzählt. Ein Muss.

Kulturstiftung Ruhr Essen
Villa Hügel
Hügel 1
45133 Essen
T. 0201 616290
Führungen: T. 0201 6162917
www.villahuegel.de
Villa Di–So 10–18 Uhr,
Park tgl. 8–20 Uhr

3 Entdecken
Essen-Heisingen

Der beste Blick über den Baldeneysee

Ganz in der Nähe des Jagdhauses Schellenberg im Schellenberger Wald (→ Tipp 4) liegt der wohl spektakulärste Aussichtspunkt am größten der sechs Ruhr-Stauseen, dem Baldeneysee. Von der Staumauer bis zum Übergang in die Ruhr bei Kupferdreh reicht der Blick von der Korte-Klippe aus über eine der schönsten Panoramen des Ruhrgebiets. Die Korte-Klippe, benannt nach einem Essener Gartenbaudirektor, ist nur zu Fuß oder per Rad zu erreichen. Am besten parkt man in der Nähe des Jagdhauses.

Korte-Klippe
Heisinger Straße
45134 Essen
www.baldeneysee.ruhr/korte-klippe

4 Genießen
Essen-Heisingen

Angesagter Treff im Wald

Feine, innovative Küche im alten Fachwerkhaus, toller Blick auf den Baldeneysee, und in der Sommersaison lockt ein moderner Biergarten – kein Wunder, dass das Jagdhaus Schellenberg als Treffpunkt und Veranstaltungs-Location im Essener Süden schwer angesagt ist. Der Besuch lässt sich gut mit einem Waldspaziergang verbinden. Wegen Corona war das Restaurant zuletzt geschlossen. Ab 2021 will man wieder durchstarten.

Jagdhaus Schellenberg
Heisinger Straße 170a
45134 Essen
T. 0201 437870
www.jagdhaus-schellenberg.de
Di–Sa 12–15 und 18–1 Uhr,
So 12–1 Uhr

5 Entdecken
Essen-Rüttenscheid

Voodoo-Zauber im Ruhrgebiet

Ein Stück schwarzer Kontinent zum Anfassen – und das mitten im Essener Süden. Der Ethnologe Henning Christoph hat hier ein Privatmuseum geschaffen, das weltweit seinesgleichen sucht. Themen sind Voodoo, Heilung und Magie und vieles mehr aus Westafrika. Es geht um mystische Orte der Magie wie Mami-Wata-Tempel, Zwillingsaltar, Ahnen, Geheimgesellschaften und um die geheimnisvolle Ausstrahlung afrikanischer Kultobjekte. Christoph, der erstmals 1985 in Benin mit Voodoo in Berührung kam, hat den Zauber quasi ins Revier geholt. Zahlreiche Institutionen und Privatpersonen unterstützen inzwischen das „SOA". Und das ist gut so.

„Soul of Africa" Museum
Rüttenscheider Straße 36
45128 Essen
T. 0201 787640
www.soul-of-africa.com
Do 14–18 Uhr, Fr 18–22 Uhr,
Sa 14–18 Uhr, So 14–18 Uhr

6 Erleben
Essen-Rüttenscheid

Geliebter Trip in die Botanik

Geschätzte 125 Millionen Menschen können sich nicht irren. So viele haben nämlich die „Große

Ruhrländische Gartenausstellung", kurz Gruga genannt, seit der Eröffnung 1929 besucht. Naturfreunde, Hobbybotaniker, Kunstkenner, Erholungssuchende kommen im wohl schönsten Freizeitpark des Landes auf ihre Kosten. Der spektakuläre Botanische Garten, das Alpinum mit Wasserfall, farbenprächtige Blumenrabatten, Spiel- und Sportparadies, die Freiluftgalerie mit Skulpturen von Henry Moore, Auguste Rodin und Alfred Hrdlicka sind den Besuch wert. Tiere gibt es natürlich auch. Die 4000 Quadratmeter große und 15 Meter hohe Vogelfreifluganlage gehört zu den größten in Deutschlands. Zu finden ist sie ganz leicht: immer dem Gezwitscher nach.

Grugapark Essen
Haupteingang Norbertstraße 2a
45147 Essen
T. 0201 8883106
www.grugapark.de

7 Erleben
Essen-Rüttenscheid

Kunsttempel der Superlative

Essens Vorzeigemuseum und sicher eines der bedeutendsten Kunstmuseen Europas darf keinesfalls im Besuchsprogramm fehlen – allein schon wegen der formschönen, klaren Linien, die Stararchitekt David Chipperfield dem 2010 eröffneten Neubau verordnet hat. Impressionisten, Expressionisten und andere Avantgardekunst, Grafik und Fotografie waren schon im 1902 gegründeten Vorgängerhaus zu bewundern. In dem offenen, neuen Gebäude, das wegen seiner vielen Innenhöfe und Glasfassaden besonders transparent wirkt, kommen die Kunstwerke hervorragend zur Geltung. Die Krupp-Stiftung macht es möglich, dass der Eintritt zu den Dauerausstellungen frei ist.

Museum Folkwang
Museumsplatz 1
45128 Essen
T. 0201 8845000
www.museum-folkwang.de
Di–Mi und Sa–So 10–18 Uhr,
Do–Fr 10–20 Uhr

8 Genießen
Essen-Rüttenscheid

Schlagergott vom Kohlenpott

Der Ruhrpott hat nicht nur einen Flankengott (Rüdiger Abramczik), sondern auch einen selbsternannten Schlagergott namens René Pascal, der mehr – meist weibliche – Jünger hat, als diverse Lästermäuler sich vorstellen können. In seiner außen etwas angegrauten Kultkneipe „Drehscheibe“ sind deutsche Schlager Trumpf, es schmalzt gewaltig und alle haben Spaß. Natürlich bringt der frisch geföhnte Barde, der schon häufiger im TV zu sehen war, auch seine eigenen Songs zu Gehör, zum Beispiel „der weiße Stern von Rüttenscheid“.

Drehscheibe
Alfredstraße 21
45130 Essen
www.rene-pascal.de
Fr, Sa, So ab 20 Uhr

9 **Entdecken**
Essen-Burgaltendorf

Vorposten an der Ruhr

Die Burgruine mit dem am besten erhaltenen Wohnturm in Nordrhein-Westfalen liegt ganz im Südosten der Stadt. Nach Bochum und Hattingen ist es von hier aus nicht mehr weit. Früher einmal war die im 12. Jahrhundert entstandene Anlage von einem Wassergraben umgeben. Vorburg, Hauptburg und die gut erhaltenen Ringmauern werden nicht nur wegen des Ausblicks gern besucht, sondern auch weil sie sich vorzüglich als Kulisse für Foto-Shootings eignen. In den Sommermonaten kann die Burgruine samstags und sonntags von 15 bis 17 Uhr besucht werden. Führungen bitte mit dem Heimat- und Burgverein Burgaltendorf vereinbaren (siehe Homepage).

Burgruine Altendorf
Burgstraße 2
45289 Essen
www.hbv-burgaltendorf.de

10 **Genießen**
Essen-Rüttenscheid

Gediegene Küche unter Eichenbalken

Kenner sprechen von einem der besten Wiener Schnitzel, das ihnen jemals auf den Teller kam. Dabei bietet der Hülsmannshof mit seiner gediegenen, hochwertigen Küche noch viel mehr als eine leckere Schnitzeljagd. Schon die Lage des alten Fachwerkhauses drunten im Tale, das unter Denkmalschutz steht, ist den Besuch wert. Oberhalb liegt die weltbekannte Gartenstadt Margarethenhöhe (S.85), direkt hinter dem Gebäude schließt sich der Wald an. Bei schönem Wetter ist der weitläufige Außenbereich meist gut besetzt. Drinnen sitzt der Gast unter wuchtigen Eichenbalken aus alter Zeit. Romantik trifft hier Kulinarik, das passt.

Hülsmannshof
Lehnsgrund 14a
45149 Essen
T. 0201 871250
www.huelsmannshof.de
Mi–So 12.30–22 Uhr

11 **Entdecken**
Essen-Margarethenhöhe

Aus der Zeit gefallen

Nirgendwo ist die Gartenstadt-Idee von Ebenezer Howard schöner umgesetzt worden als auf der Margarethenhöhe. Geschwungene Giebel und Laubengänge, Erker und efeuumrankte Fassaden prägen den liebenswerten Gesamteindruck der idyllischen Siedlung, die Margarethe Krupp (1854–1931), die Witwe Friedrich Alfred Krupps, aus Anlass der Hochzeit ihrer Tochter Bertha mit dem Diplomaten Gustav von Bohlen und Halbach ins Leben gerufen hat. Von der Grundidee, preiswerten und menschenfreundlichen Wohnraum zu schaffen, profitieren übrigens nicht nur Kruppianer. Eine Stiftung wacht darüber, dass Bewohner aus allen sozialen Schichten hier wohnen können. Der repräsentativste Teil der Siedlung liegt an der Steilen Straße hinter dem Torhaus.

Gartenstadt Margarethenhöhe
Zentrum: Kleiner Markt
45149 Essen
www.margarethe-krupp-stiftung.de/die-margarethenhoehe/

12 Entdecken
Essen-Rüttenscheid

Herzogin Kate sei Dank: Man trägt wieder Hut

Ulrike Strelow mag die Royals. Was auch daran liegt, dass Herzogin Kate für eine Art Renaissance des Hutes gesorgt hat. Extravagante Kopfbedeckungen sind wieder angesagt, vor allem wenn sie von einer Modistenmeisterin wie Ulrike Strelow stammen und in Handarbeit und mit Herzblut angefertigt wurden. Sie betreibt seit vielen Jahren in Essen-Rüttenscheid einen Hutsalon mit angeschlossener Manufaktur, in dem sich niemand unbehütet fühlen muss. Modebewusste Damen zieht es hierher, Herren werden ebenfalls typgerecht ausgestattet. Auch von Theatern kommen viele Aufträge.

Hutmanufaktur Strelow
Hedwigstraße 4
45130 Essen
T. 0201 7266701
www.hutmanufaktur.com
Di–Fr 9.30–13 und 14.30–18 Uhr, Sa 10–14 Uhr

13 Erleben
Essen-Werden

Der Reichtum der Kirche und Werdener Flair

Die Basilika St. Ludgerus in Essen-Werden zählt zu den bedeutendsten spätromanischen Kirchenbauten im Rheinland. Sie entstand im beginnenden 9. Jahrhundert als Klosterkirche der Abtei Werden und wurde im 13. Jahrhundert im romanischen Stil umgestaltet. Außerhalb des eigentlichen Kirchengebäudes liegt die Krypta mit dem Schrein des heiligen Liudger, des ersten Bischofs von Münster und Gründers der Abtei. Die Schatzkammer St. Ludgerus wiederum bewahrt den Rest des einst sehr umfangreichen Schatzes der um 800 gegründeten ehemaligen Benediktinerabtei Werden. Im Mittelpunkt stehen dabei frühmittelalterliche Schatzstücke. Im Klostergebäude ist seit 1946 die international renommierte Folkwang Universität der Künste untergebracht, die Werden ein unvergleichliches Flair verleiht.

Basilika und Schatzkammer St. Ludgerus
Brückstraße 54
45239 Essen
T. 0201 491801
www.schatzkammer-werden.de
Di–So 10–12 und 15–17 Uhr

14 Entdecken
Essen-Werden

Wandern für Genießer

Die asphaltierten Wege rund um den Baldeneysee ziehen natürlich Skater, Radler und Jogger magisch an. Wer in Ruhe den größten der sechs Ruhrstauseen umwandern will, ist besser auf dem 27 Kilometer langen Baldeneysteig aufgehoben, der auf den Anhöhen verläuft. Die Tour lässt sich beliebig abkürzen, da Linienbusse und die Weiße Flotte Baldeney (Tipp 6 Kapitel „Querbeet“) in der Nähe verkehren. Während nördlich des Sees steile Wälder, schmale Wege und grandiose Aussichten dominieren (→ Tipp 3 und Tipp 4 dieses Kapitels), wird die Südseite von weiten Feldern und Spuren der Bergbaugeschichte geprägt. Sehenswürdigkeiten und Gasthäuser gibt es entlang des Steigs zuhauf, der erst 2017 eingeweiht wurde. In diesem Jahr war Essen

bekanntlich die „Grüne Hauptstadt Europas“. Als Einstieg in den Steig bietet sich der Parkplatz am Stauwehr Werden an.

Baldeneysteig
Parkplatz Hardenbergufer
45239 Essen

15 Genießen
Essen-Rüttenscheid

Küchengruß von Nelson Müller

Sternekoch, TV-Star, Musiker – Nelson Müller gehört vermutlich zu den bekanntesten Gesichtern des deutschen Fernsehens und kommt auf 180 Drehtage pro Jahr, wie die FAZ feststellte. Aber keine Sorge: Sein edles „Restaurant Schote“ im Szenestadtteil Rüttenscheid leidet nicht darunter, dass der Chef häufiger unterwegs ist. Im Gegenteil: Kritiker sind voll des Lobes für die Spitzenküche und den hervorragenden Service und sehen dem Meister mit den ghanaischen Wurzeln nach, dass er gerade mal wieder im Fernsehen Kartoffelchips miteinander vergleicht.

Restaurant Schote
Rüttenscheider Straße 62
45130 Essen
T. 0201 780107
www.nelson-mueller.de
Di–Sa ab 18–23 Uhr

16 Erleben
Essen-Südviertel

Das Meisterstück des großen Finnen

Es gilt als einer der schönsten deutschen Theaterbauten nach 1945: Das Aalto-Musiktheater ist ein Meisterwerk des finnischen Architekten Alvar Aalto und fasziniert Kenner aus aller Welt mit seiner ästhetischen, harmonischen Linienführung, die sich im Innern des Hauses fortsetzt. Architektonisch setzt das Aalto-Theater Maßstäbe. Auch künstlerisch gehört es mit seinen vielfach ausgezeichneten Opern- und Ballettinszenierungen zu den besten deutschen Häusern. Alvar Aalto, der seinen Entwurf für ein humanes Theater schon 1959 eingereicht hatte, konnte die Fertigstellung 1988 nicht mehr erleben. Er starb 1976.

Aalto-Musiktheater
Opernplatz 10
45128 Essen
T. 0201 8122200
www.aalto-musiktheater.de

17 **Erleben**
Essen-Südviertel

Konzerte erster Klasse

Nur wenige hundert Meter vom Aalto-Musiktheater entfernt und ebenfalls an den Stadtgarten angrenzend liegt der Saalbau mit der Philharmonie Essen. Die frühere gute Stube der Stadt, in der 1906 schon Gustav Mahler seine 6. Sinfonie dirigierte, wurde im Krieg zerstört, wieder errichtet und von 2002 bis 2006 für 72 Millionen Euro umgebaut. Es entstand unter anderem ein außergewöhnlicher Konzertsaal mit über 1900 Plätzen, in dem schon Weltstars wie Anna-Sophie Mutter, Sol Gabetta, Diana Damrau und Jonas Kaufmann das Publikum verzückt haben.

Philharmonie Essen
Huyssenallee 53
45128 Essen
T. 0201 8122200
www.philharmonie-essen.de

18 **Genießen**
Essen-Südviertel

Holland pur. Mit Frikandel und Frites

Ein Stück Holland im Südviertel. Die Kult-Kneipe Cafe de Prins im Vintage-Look und mit roten Wänden weckt garantiert Erinnerungen an den letzten Urlaub an der nur 220 Kilometer entfernten Küste des geliebten Nachbarlandes. Holländisches Pils (Grolsch), Frikandel, die berühmten Frites und natürlich die absolut unverkrampfte Atmosphäre haben de Prins ein treues Publikum beschert.

Cafe de Prins
Isenbergstraße 14
45130 Essen
T. 0201 775578
www.deprins.de
Tgl. ab 17 Uhr

19 Entdecken
Essen-Schuir

Nicht den Sand in den Kopf stecken

Ein Straußenei kann vieles: Mit seinen ca. 1,5 Kilogramm – das entspricht etwa 25 bis 30 Hühnereiern – sieben Erwachsene sättigen, als wunderbarer Deko-Artikel herhalten oder als Grundlage für einen leckeren Eierlikör dienen. Auch das Fleisch des Vogels ist empfehlenswert: mager und cholesterinarm. Seine Federn eignen sich prima als Staubwedel. Ein Erlebnis ist es aber auch, Strauße in ihrem weitläufigen Gehege zu beobachten. Auf der Straußenfarm Rutherhof geht beides: ein imposantes Naturerlebnis genießen und Straußenprodukte erwerben.

Straußenfarm Rutherhof
Rutherweg 39
45133 Essen
T. 0157 30186510
www.diefarm-essen.de
April bis September 10–21 Uhr,
März und Oktober Mi–So 11–19 Uhr,
November und Dezember Sa–So 11–18 Uhr

20 Genießen (Pommes-Tipp)
Essen-Holsterhausen

Kultige Imbissbude

Es muss nicht immer handgeangelter Wolfsbarsch an Pastinakenpüree sein. Eine leckere Currywurst mit Pommes Frites ist allemal die Sünde wert. Grobfeinschmecker aus allen Ecken der Stadt kommen gern zur Kult-Imbissbude „Zum Xaver", weil es hier besonders gut schmeckt. Oder auch der Nostalgie wegen, denn der Xaver ist schon seit 1959 am Start und gehört quasi zum Inventar des Stadtteils Holsterhausen.

Zum Xaver
Gemarkenstraße 44
45147 Essen
T. 0201 771930
Mo – Sa 12 – 20 Uhr

21 Entdecken

Kettwig

Fernab von der Hektik der Großstadt

Nur zwölf Kilometer von der quirligen Essener Innenstadt kommt man in eine andere Welt. Im Ortsteil Kettwig, der erst 1975 eingemeindet wurde, scheint die Zeit stehengeblieben zu sein. Die Altstadt mit ihren Fachwerkhäusern, schmalen Gassen, dem Kopfsteinpflaster und gemütlichen Lokalen machen den knapp 20 000 Einwohner zählenden Ort zu einem beliebten Ausflugsziel. Hier könnte man einen Historienfilm drehen. An der Ruhr samt Schleuse und Stausee gibt es immer was zu sehen. Der Besuch lohnt. Rund um den Tuchmacherplatz ist die Altstadt am schönsten.

Parkmöglichkeit unter anderem am Rathaus Kettwig

Altstadt

Bürgermeister-Fiedler-Platz 1
(Rathaus)
45219 Kettwig
www.essen.de

22 Erleben
Essen-Holsterhausen

Dinner in the Dark

Riechen, Schmecken, Fühlen, Hören – nur Sehen geht nicht im Dunkelrestaurant FINSTER im Essener Stadtteil Holsterhausen. Dafür werden die anderen Sinne aufs Höchste sensibilisiert. Die Verantwortlichen versprechen sogar eine nie zuvor empfundene Gefühlserfahrung. Acht Menüs stehen im Reich der Finsternis zur Auswahl, deren Einzelheiten vorher nicht bekannt gegeben werden. Man soll sie schließlich erschmecken. Der Zugang erfolgt über eine Dunkelschleuse. Der Wein wird im Glas serviert, dadurch werden Schüttverluste vermieden. Falls beim Umgang mit Messer und Gabel etwas schiefgeht: Das Uni-Klinikum Essen liegt in der Nähe.

Restaurant FINSTER
Steinhausenstraße 26
45147 Essen
T. 0201 4519567
www.finster-essen.de
Mi–Mo 17.30–24 Uhr
Um Reservierung wird gebeten

23 Entdecken
Essen-Rüttenscheid

Seit 43 Jahren Harold and Maude

Wie schön, dass es noch Kinos im Wohnzimmerformat gibt. Nur 45 Plätze hat das Galerie Cinema, es werden ausschließlich handverlesene Filme gezeigt. Blockbuster will hier keiner sehen. Niveau ist angesagt und auch Traditionsbewusstsein. Seit 1975 läuft hier sonntagnachmittags der Klassiker „Harold and Maude“ im Original mit Untertiteln. Das spleenige Paar – er ist 20 Jahre, sie 79 – passt bestens in das Kino, das bewusst anders sein will als andere.

Galerie Cinema
Julienstraße 73
45130 Essen
T. 0201 778494

24 Erleben
Essen-Rüttenscheid

Bummelmeile und Szeneviertel

Lässiger als andere, bunt und vielfältig präsentiert sich der angesagte Stadtteil Rüttenscheid. Hipster, Studenten und Latte-Macchiato-Mütter leben gern hier, aber auch Alteingesessene lieben dessen Urbanität. Etwa 180 Gastronomien und fast 400 Fachgeschäfte – beide Zahlen schwanken – warten auf Gäste und Kunden. Von der Imbissbude bis zum Gourmettempel, von der Exklusivboutique bis zum Billigladen, ob Kaffeeröster oder Kerzenmacher – hier ist alles zu finden, was der Mensch braucht oder auch nicht. Mittendrin: die pulsierende Rüttenscheider Straße, kurz RÜ genannt. Sie gehört längst zu den bekanntesten Ausgehzonen Deutschlands. Das Leben erscheint hier leicht, nur die Suche nach einem Parkplatz ist schwer.

Rüttenscheider Straße
45130 Essen
www.essen.de

25 Entdecken
Essen-Kupferdreh

Die Welt der Steine

Edelsteine, Erzbrocken und Ansichten aller bedeutenden Fundstellen auf der Welt präsentiert die Außenstelle des Ruhr Museums in einem alten Schulgebäude, das unter Denkmalschutz steht. Themen wie „Mammut, Mensch und Feuerstein“, „Die Knochenkammer“, „Tiere der Urzeit“, „Wunderkammer Natur“, „Kohle – das schwarze Gold“ und „Der Klang der Steine“ sind Highlights aus der geowissenschaftlichen Sammlung des Ruhr Museums. Wichtig ist auch die Arbeit der Museumspädagogen, die den Besuchern die Welt der Steine und Mineralien sowie die Geschichte der Erde und ihrer Bewohner näherbringen.

Mineralien-Museum
Kupferdreher Straße 141–143
45257 Essen
T. 0201 24681444
www.ruhrmuseum.de
Di–So 10–18 Uhr
Eintritt frei

Lebendiges Zentrum des Reviers mit Domschatz und dem schönsten Kino der Welt:

Die Essener Mitte und der Norden

1 Genießen
Essen-Bergeborbeck

Nostalgie mit Komfort

Filme in intimer Atmosphäre schauen und trotzdem vor die Tür kommen? Ungestört Snacks mampfen und erleben, was auf der 5400 Quadratmeter großen Leinwand abgeht? Netflix und Multiplex zum Trotz fahren immer noch viele Filmfreunde ins Autokino – vielleicht auch in Erinnerung an die alten, stürmischen Zeiten in den 1970ern und 1980ern. Übrigens: Der Ton kommt inzwischen über das Autoradio, aber den Heizlüfter gibt es immer noch. Und Platz ist genug da. 1000 Pkw passen ins Autokino Essen

DRIVE IN Autokino
Sulterkamp 70
45356 Essen
T. 08151 90340
www.essen-autokino.de

2 Erleben
Essen-Mitte

Oase der Kreativität

Der Kontrast kann schärfer nicht sein: Gleich gegenüber dem glitzernden Einkaufszentrum Limbecker Platz erhebt sich ein grauer, schmuckloser Klotz, der in den 1950ern als Franziskanerkloster mit 50 Mönchszellen diente: das Unperfekthaus. Maler und Musiker, Bildhauer und Modemacher, Kaffeeröster und Klangschalenmasseurinnen, kurzum alle, die hier arbeiten, können neben den Räumen auch die Technik, Bühnen und vieles mehr kostenlos nutzen. Einzige Bedingung: Sie müssen Einblick in ihre Arbeit geben. So ist auf 4000 Quadratmetern eine Oase der Kreativität entstanden, eine Art Künstlerdorf, das offen für Gäste ist. Gern treffen sich hier auch Privat- und Geschäftsleute zum Essen und genießen die bunte Vielfalt. Eine interessante Reise durch das Unperfekte.

Unperfekthaus
Inh. Reinhard Wiesemann
Friedrich-Ebert-Straße 18
45127 Essen
T. 0201 4709160
www.unperfekthaus.de
Mo–Do 7–23 Uhr, Fr–Sa 7–1 Uhr, So 8–23 Uhr

3 Entdecken
Essen-Mitte

1000 Jahre Kunst und kirchliches Leben

Er ist einzigartig unter den Kirchenschätzen Europas. Der Essener Domschatz gilt als wichtigste Hinterlassenschaft des Essener Frauenstiftes, das von 805 bis 1803 bestand. Viele weltbekannte Kunstwerke, darunter die Goldene Madonna (die älteste Marienskulptur der Welt), der Siebenarmige Leuchter, das Essener Schwert, das mit Otto dem Großen in Verbindung gebracht wird, sowie die Essener Krone, die älteste Lilienkrone der Welt, sind hier ausgestellt. Berühmt ist auch die Gruppe der 30 gotischen Kunstwerke des Domschatzes. Die Kirche wiederum stammt aus dem 13. Jahrhundert. Seit der Gründung des Bistums Essen 1958 ist sie Bischofskirche und damit der Dom des Ruhrbistums.

Domschatz Essen
Burgplatz 2
45127 Essen
T. 0201 2204206
www.domschatz-essen.de
Di–So 11–17 Uhr

4 Genießen
Essen-Frohnhausen

Kalte Wonne

Wenn die Schlange vorm Eiscafé um den halben Block reicht, ist das wohl die beste Empfehlung. Selbst aus den Nachbarstädten kommen die Kunden über die nahe A 40, um sich bei Eis Casal in Frohnhausen einen ganz besonderen Genuss zu genehmigen. Neben den Klassikern gibt es auch extravagante Schleckereien wie Salz-Karamell, Buttermilch-Maracuja oder sogar Biereis. Besitzer und Eiskonditor Luigino de Toni hat den Bogen raus, wie man das Eis zart schmelzen lässt und die Herzen der Kunden auch – vor Wonne.

Eiscafé Casal
Mülheimer Straße 62
45145 Essen
T. 0201 704858
11–20.30 Uhr, je nach Wetter bis 22 Uhr

5 **Entdecken**
Essen-Mitte

Jüdisches Leben

In der ehemaligen größten Synagoge nördlich der Alpen geht es nicht nur um Religion, sondern auch um jüdisches Leben, Verfolgung und Widerstand. All dies wird in einer Dauerausstellung dokumentiert. Zwischen 1911 und 1913 entstand die Synagoge und gehörte zu den größten und schönsten in Deutschland. Während der Pogromnacht 1938 wurde dann die gesamte Inneneinrichtung zerstört. Seit 1980 hat das einzigartige Kulturdenkmal in der Essener Innenstadt eine weitere Funktion: als Dokumentationsforum zur jüdischen und deutsch-jüdischen Geschichte und Begegnungsstätte, in der auch aktuelle Themen im Fokus stehen.

Alte Synagoge – Haus jüdischer Kultur
Edmund-Körner-Platz 1
45127 Essen
T. 0201 8845218
www.alte-synagoge.essen.de
Di–So 10–18 Uhr

6 **Erleben**
Essen-Mitte

Buchhandlung alter Schule

Das tapfere gallische Dorf trotzt den großen Buchhandlungs- Filialisten, so lässt sich Proust Wörter + Töne wohl am besten beschreiben. Hohe Regalwände aus Holz, die Tradition atmen, ein ausgewähltes Sortiment, jederzeit fachkundige, individuelle Beratung und keinerlei buchfremde Artikel wie Tassen oder Schmuck – solche Orte liebt der wahre Bücherfreund, Literatur pur eben. Nur einen Steinwurf entfernt von der Bummelzone Kettwiger Straße hat sich Proust Wörter + Töne seine Individualität bewahrt und wird dafür hoch geschätzt. Da wundert es nicht, dass die Lesungen und kleinen Konzerte, die hier stattfinden, gut besucht sind.

Proust Wörter + Töne
Am Handelshof 1
45127 Essen
T. 0201 8396840
www.buchhandlung-proust.de
Mo–Fr 10–20, Sa 10–16 Uhr

7 Erleben
Essen-Mitte

Mall mitten in der City

Im Vergleich zu den größeren Konkurrenten in Mülheim (Rhein-Ruhr Zentrum) und Oberhausen (Westfield Centro) hat das Einkaufszentrum Limbecker Platz den Vorteil, mitten in der Innenstadt zu liegen. Viele andere sehenswerte Ziele sind von hier aus locker zu Fuß erreichbar. Mit knapp 200 Shops und Lokalen ist der 2008 eröffnete Konsumtempel gut besetzt. Der Branchenmix stimmt. Allerdings haben die Rivalen viel mehr Parkplätze – und die sind auch noch gratis.

Limbecker Platz
45127 Essen
T. 0201 1778960
www.limbecker-platz.de
Mo–Sa 10–20 Uhr, Fr bis 24 Uhr

8 Genießen
Essen-Mitte

Feinste türkische Küche

Kenner halten das „tablo“ für das mit Abstand beste türkische Restaurant weit und breit – eine Auffassung, die auch die Experten von Gault Millau teilten und dem unweit des Essener Hauptbahnhofs gelegenen Lokal zum wiederholten Mal 14 Punkte verliehen. Besondere Aufmerksamkeit verdient das Fischangebot des „tablo“, aber auch bei den übrigen Produkten bewegt man sich in puncto Frische, Qualität und Zubereitung in der Meisterklasse. Ein internationales Publikum, zu dem auch viele Besucher und Künstler des nahegelegenen Aalto-Theaters und der Philharmonie gehören, ist jedenfalls froh, nicht weit laufen zu müssen, um feinste türkische Küche und den freundlich-charmanten Service genießen zu können. Außerdem bietet sich hier die beste Gelegenheit, einmal Weine aus türkischen Anbaugebieten zu probieren.

Restaurant tablo
Huyssenallee 5
45128 Essen
T. 0201 8119585
www.tablo-restaurant.de
Mo–Fr 11.30–22.30 Uhr
Sa 16.30–22.30 Uhr
So 16.30–22 Uhr

9 Erleben
Essen-Mitte

Es begann mit „Minna von Barnhelm"

Zur Eröffnung 1892 stand Lessings „Minna von Barnhelm" auf dem Programm. Im neobarocken Theaterbau, ausgestattet mit einer wunderschönen Wendeltreppe, war die Stimmung bestens. Essen, durch Krupp und die vielen Zechen wohl der wichtigste Industriestandort des Deutschen Reichs, hatte nun auch ein Schauspielhaus, welches der Industrielle Friedrich Grillo möglich gemacht hatte. Fast 130 Jahre später ist das Grillo-Theater – eines der ältesten und schönsten Theater in Deutschland – mit seinem anspruchsvollen Programm immer noch ein Glanzpunkt in der vielfältigen Essener Kulturszene.

Grillo-Theater
Theaterplatz 11
45127 Essen
T. 0201 8122200
www.grillo-theater.de

10 Genießen
Essen-Mitte

Entspannte Atmosphäre, faire Preise

Nur durch eine Glastür vom Leo's getrennt liegt das „Stratmanns" genannte Kleinkunsttheater von Dr. Ludger Stratmann, seines Zeichens einer der bekanntesten Kabarettisten und Comedians im Westen. Die gute Stimmung ist aber auch im rustikalen Leo's spürbar. Ufo-große Pizzen und andere Spezialitäten der italienischen Küche, ein flotter, freundlicher Service und faire Preise sorgen dafür, dass der Laden fast immer brummt. Bei schönem Wetter lässt sich von der großen Terrasse aus bestens beobachten, was auf dem riesigen Kennedyplatz so alles läuft. Eine Frage bleibt offen: Wer hat den falschen Apostroph in „Leo's" verbockt?

Leo's Casa
Kennedyplatz 7
45127 Essen
T. 0201 8119870
www.leos-casa.de
Mo–Fr 11–24 Uhr, Sa 10–1 Uhr, So 13–24 Uhr

11 **Erleben**
Essen-Katernberg

Bramme für das Ruhrgebiet

Ein kahler Buckel, in dem eine Karte steckt – so mutet die Schurenbachhalde an der Grenze zu Gelsenkirchen vermutlich aus großer Höhe an. Sehr minimalistisch kommt die 50 Meter hohe Halde daher, die aus 25 Millionen Tonnen Abraum angehäuft wurde. Eine Mondlandschaft, ohne Baum oder Strauch. Die ominöse Karte ist in diesem Fall die 14,5 Meter hohe und 4,5 Meter breite, buchdünne Stahlskulptur, die der Amerikaner Richard Serra geschaffen und „Bramme für das Ruhrgebiet" genannt hat. 1998, bei der Einweihung des 67 Tonnen schweren Kunstwerks, das exakt in Ost-Richtung ausgerichtet ist, waren nicht alle davon begeistert. Doch von Beginn an übte der surreal wirkende Ort eine besondere Faszination aus. Da nimmt man auch gern die 267 Stufen der „Himmelstreppe" in Kauf, die zum Gipfelplateau führen.

Schurenbachhalde
Emscherstraße
45329 Essen

12 Erleben
Essen-Mitte/Südviertel

Das höchste Gebäude des Ruhrgebiets

Zum Leidwesen der Essener hat Dortmund einige tausend Einwohner mehr und ist somit die größte Stadt des Ruhrgebiets. Dafür steht in Essen das mit 127 Metern höchste Gebäude des Reviers: Der runde RWE Tower prägt die markante Skyline der Krupp-Stadt und bietet von der Aussichtsplattform auf 120 Metern Höhe einen tollen Blick. Außerdem ist der 31-stöckige Turm, der 1997 eingeweiht wurde, architektonisch interessant. Anmeldung erforderlich.

RWE Tower
Opernplatz 1
45128 Essen
T. 0800 0703700

13 Entdecken
Essen-Stoppenberg

Mekka für Stadtplaner

Der vielzitierte Strukturwandel im Revier wird hier besonders deutlich: Auf dem brachliegenden Gelände der im Zweiten Weltkrieg weitgehend zerstörten und später demontierten ehemaligen Kruppschen Gussstahlfarbik ist mit dem Krupp-Gürtel ein städtebauliches Projekt herangewachsen, das bundesweit Beachtung findet. Im Mittelpunkt steht natürlich das 300 Mio Euro teure, extravagante Hauptquartier der ThyssenKrupp AG, das 2010 bezogen wurde. Der Krupp-Park mit See und Hügeln, Wohnquartieren und gewerblichen Gebäuden machen das Areal zu einem Vorzeigeviertel. Mittendrin: das alte Krupp-Stammhaus. Hier schließt sich ein Kreis..

Krupp-Gürtel
Berthold-Beitz-Boulevard
45141 Essen
www.essen.de

14 **Entdecken**
Essen-Borbeck

Wasserschloss mit Park im Landhausstil

Zur ThyssenKrupp-Zentrale ist es nicht sehr weit und auch das Westfield Centro Oberhausen liegt nur ein paar Kilometer entfernt. Ein barockes Wasserschloss würde man im Stadtteil Borbeck kaum vermuten. Schloss Borbeck ist deshalb eine wunderschöne Überraschung. Seit dem 14. Jahrhundert war es bevorzugte Residenz der Essener Fürstäbtissinnen (darüber informiert eine Dauerausstellung), seine heutige äußere Gestalt erhielt es im 18. Jahrhundert. Brautpaare feiern hier gern ihre Hochzeit. Außerdem finden hier seit den 1980er-Jahren die verschiedensten Veranstaltungen aus den Bereichen Bildung und Kultur statt. Für das leibliche Wohl sorgt die angesehene Schlossgastronomie. Gern besucht von Joggern und Spaziergängern wird der 42 Hektar große Schlosspark im englischen Landhausstil. Der Eintritt in den Park ist frei.

Schloss Borbeck
Schlossstraße 101
45355 Essen
t. 0201 8844219
www.schloss-borbeck.essen.de
Di–So 14–18 Uhr

15 **Erleben**
Essen-Mitte

Das schönste Kino der Welt

Tom Tykwer nennt es „das schönste Kino der Welt“ und der Erfolgsregisseur hat damit recht. Die 1928 erbaute Lichtburg an der Bummelmeile Kettwiger Straße verkörpert wohl wie kein anderes Kino in Deutschland den Charme der 1950er-Jahre. Mehrmals im Jahr finden hier Premieren statt – mit Stars auf dem roten Teppich, Blitzgewitter und Autogrammjägern. Der mit 1250 Plätzen größte Kinosaal des Landes ist hier zu finden, samt rotem Samtvorhang natürlich. Nur die tönende Wochenschau fehlt, dafür entschädigt aber die historische Filmbar im ersten Stock.

Lichtburg
Kettwiger Straße 36
45127 Essen
T. 0201 289550
www.lichtburg-essen.de

16 Entdecken
Essen-Frintrop

Natur pur auf Schotterbett

Früher ratterten hier Güterzüge entlang, heute ertönt Vogelgesang, und Hasen hoppeln umher. Neben den toten Gleisen wachsen Birken. Auf dem liegen gelassenen Schottermaterial des ehemaligen Sammelbahnhofs Essen-Frintrop ist über Jahre nahezu ungestört eine einzigartige Naturlandschaft entstanden, die zu den artenreichsten im Ruhrgebiet zählt. Das Besondere: Es gab keine Neuanpflanzungen, die Natur hat sich diesen Bereich zurückerobert. Der Gleispark ist Bestandteil des Emscher Landschaftsparks.

Gleispark Frintrop
Zugang über Dellwiger Straße,
45357 Essen
(oder RVR-Besucherzentrum
Ripshorster Straße 306
46117 Oberhausen)
T. 0208 8833483
www.metropoleruhr.de

17 Genießen
Essen-Kray

Restaurant und Hotel in alter Zeche

Schicht im Schacht war auf der Zeche Bonifacius im Essener Stadtteil Kray schon 1984. Doch die Bergbautradition lebt weiter durch das 2004 eröffnete Kultur- und Tagungshotel „Alte Lohnhalle" im denkmalgeschützten Teil des Bergwerks, in dem früher die Kumpel ihre Lohntüte erhielten. Viele Details blieben erhalten. Und natürlich gibt es im Restaurant „Über Tage" auch ein „Zechenschnitzel".

Alte Lohnhalle
Rotthauser Straße 40
45309 Essen
T. 0201 85765770
www.alte-lohnhalle.de
Di–Sa 18–22 Uhr

18 Erleben
Essen-Mitte/Nordviertel

Die Verbindung von Show und Kulinarik

Einen amüsanten Abend anbieten, mit gutem Essen und einem rasanten Varieté-Programm, das ist das erfolgreiche Geschäftsmodell des GOP Varieté-Theaters, das in Deutschland inzwischen an sieben Standorten sein Publikum gefunden hat. In Essen unterhalten die GOP-Künstler, Köche und Kellner in einem ehemaligen Kino in der nördlichen Innenstadt das Publikum. GOP steht übrigens für Georgspalast, benannt nach dem Gründer.

GOP Varieté-Theater
Rottstraße 30
45127 Essen
T. 0201 2479393
www.variete.de

19 Genießen
Essen-Rellinghausen

Französische Momente

Karamellcreme mit gesalzener Butter, Fischsuppe von La Belle Iloise, Fleur de Sel, Seife aus Marseille, traditionelle Gusseisenpfannen aus der Lorraine – wer französische Momente im Leben liebt, muss nicht weit fahren. In ihrem kleinen Geschäft „La Maison de Florence" hat Inhaberin Florence Petithuguenin ein Stück Frankreich mitten im Ruhrgebiet geschaffen, das zum Schmecken, Riechen und Fühlen einlädt. Französische Delikatessen, Biokosmetik und Wohn- und Küchenaccessoires werden hier angeboten. Und wer mag, kann mit der gebürtigen Elsässerin seine Sprachkenntnisse testen.

La Maison de Florence
Rellinghauser Straße 275
45136 Essen
T. 0201 5631219
www.la-maison-de-florence.de
Mo–Di und Do–Fr 9.30–13 und 15–18 Uhr,
Mi und Sa 9.30–13 Uhr

20 Erleben
Essen-Mitte

Das ist der Hammer

„Das ist wirklich der Hammer" entfährt es dem Besucher unwillkürlich, denn einen mit Wasserkraft betriebenen, 300 Kilo schweren Hammerkopf sieht man nicht alle Tage – und in Betrieb schon gar nicht. Der eiserne Klotz ist wichtigster Bestandteil des Kulturdenkmals Halbachhammer und liegt im Essener Stadtteil Fulerum, gut 900 Meter von der einzigartigen Siedlung Margarethenhöhe (S.84/85) entfernt. Seinen Namen erhielt das Hammerwerk, das Verhüttung und Schmiede an einem Standort vereint, von Gustav Krupp von Bohlen und Halbach. Der Ehemann der Tochter des Konzerngründers Alfred Krupp ließ das seit Jahrhunderten in Weidenau an der Sieg arbeitende Werk in seine Einzelteile zerlegen und es 1915 in Essen wieder aufbauen. So entstand eines der ersten Freilichtmuseen Deutschlands, das 1993 unter Denkmalschutz gestellt wurde und heute eine Außenstelle des Ruhrmuseums ist. .

Kulturdenkmal Halbachhammer
Altenau 12
45149 Essen
T. 0201 24681444
www.ruhrmuseum.de/standorte/in-essen/halbachhammer

21 Erleben
Essen-Mitte/Westviertel

Hier wird die Nacht zum Tag

Wenn anderswo die Lichter ausgehen, fängt die Sause hier erst richtig an, denn Micha's Kännchen öffnet grundsätzlich erst um 24 Uhr. Musik und Tanz auf mehreren Flächen, warme Küche bis der letzte Gast gegangen ist – bei Micha wird die Nacht zum Tag, der oft erst dann endet, wenn das graue Heer der Werktätigen schon wieder im Job ist. Ein Tipp für ausdauernde Nachtbummler, die sich durch den schmucklosen Bau in einem Gewerbegebiet nahe der B 224 nicht abschrecken lassen sollten.

Micha's Kännchen
Schederhofstraße 10
45145 Essen
T. 0201 3163878
www.michas-kaennchen.de
Tgl. ab 24 Uhr

Eine Welt für sich:

Welterbe Zollverein

1 **Erleben**
Essen-Katernberg

Das Gedächtnis des Reviers

Orangerot wie flüssiges Eisen und 58 Meter lang ist die größte freistehende Rolltreppe Deutschlands, die ins Besucherzentrum auf der 24-Meter-Ebene führt. Hier gibt es den Lageplan. Wir befinden uns in der ehemaligen Kohlenwäsche, mit 90 Meter Länge, 30 Meter Breite und 40 Meter Höhe das größte Gebäude auf Zollverein. Von hier geht es in die verschiedenen Bereiche des Ruhr Museums, das auf drei Ebenen Natur und Geschichte des Reviers präsentiert, von der prähistorischen Zeit – samt Mammut-Gerippe – über die Industrialisierung bis zur Gegenwart. Ein faszinierendes Gedächtnis des Reviers und fester Programmpunkt für viele der 1,5 Millionen Menschen, die pro Jahr Zollverein besuchen.

Ruhrmuseum/Besucherzentrum Schacht XII, Kohlenwäsche
Gelsenkirchener Straße 161
45309 Essen
T. 0201 24681444 (Ruhr Museum)
www.ruhrmuseum.de
www.zollverein.de
Tgl. 10–18 Uhr

2 **Entdecken**
Essen-Katernberg

Hier ist die Zeit stehen geblieben

Große Hallen, wuchtige Aggregate. Es riecht immer noch nach Arbeit. Hier, in den authentisch erhaltenen Kernbereichen von Zollverein, fühlt man sich in Zeit vor der Stilllegung 1986 versetzt. Von der Förderung der Kohle bis zur Verkokung ist die Produktionskette im Rahmen einer Führung komplett nachvollziehbar. Eine Anmeldung ist erforderlich. Wetterfeste Kleidung wird empfohlen.

Denkmalpfad Zollverein
www.zollverein.de

3 Entdecken

Essen-Katernberg

Weltgrößte Ausstellung zeitgenössischen Designs

Star-Architekt Lord Norman Foster baute das alte Kesselhaus Mitte der 1990er-Jahre für den heutigen Zweck um. Schnell wurde eine Art Ruhmeshalle der schönen Form daraus – mit mehr als 2000 red-dot-prämierten Exponaten die weltgrößte Ausstellung zeitgenössischen Designs. Ob bei Toastern, Schmuck, Sanitäreinrichtungen oder Autos – es ist faszinierend zu betrachten, wie das Design immer weiterentwickelt wurde.

red dot design museum
Gelsenkirchener Straße 161
45309 Essen
T. 0201 3010460
www.red-dot-design-museum.de/essen
Di–So 11–18 Uhr

4 **Erleben**
Essen-Katernberg

Kathedrale des Tanzes

In der ehemaligen Waschkaue haben sich früher 3000 Kumpel den Kohlenstaub abgewaschen, heute ist hier ein unverwechselbarer Veranstaltungsort für Tanz, Performance, Theater und bildende Kunst. Die weißen Kacheln, Spiegel und Seifenschalen (mit Kernseife) blieben erhalten und stehen in Kontrast zur modernen technischen Ausstattung. Künstler und Kompanien aus der ganzen Welt haben hier schon gastiert. PACT steht übrigens für Performing Arts Choreographisches Zentrum NRW Tanzlandschaft Ruhr.

PACT Zollverein
Bullmannaue 20
45327 Essen
T. 0201 2894700
Tickets T. 0201 8122200
www.pact-zollverein.de
Mo 9–16, Di–Fr 9–18, Sa 9–15

5 Genießen
Essen-Katernberg

Hamburger und Currywurst mit Industriekulisse

Direkt gegenüber, orangerot wie flüssiges Eisen, steht die berühmte 58 Meter lange Rolltreppe, die ins Besucherzentrum des Ruhrmuseums (S. 110) führt. Ganz nah auch der Doppelbock, das Wahrzeichen des Weltkulturerbes Zollverein. So viel Industriekultur macht hungrig. Hier kommt das Restaurant „The mine" ins Spiel, das seit November 2021 im ehemaligen südlichen Fördermaschinenhaus seine Gäste mit Tapas, Hamburgern und anderen Klassikern beglückt. Und natürlich mit einer vielgelobten Currywurst. Nach dem Rundgang über das Zollverein-Gelände schmeckt es zwischen alten Stahlträgern, unverputzten Wänden und Apparaten aus der 1986 beendeten Bergbau-Ära auf Zollverein besonders gut.

The mine
Gelsenkirchener Str. 181
(Parkplatz A)
45309 Essen
T. 0201 36458704
www.The-mine.eu
Mi–Sa 12–22 Uhr
So 12–20 Uhr

6 Genießen
Essen-Katernberg

Vollendete Formen

Königshäuser, Top-Restaurants und Sammler aus aller Welt bemühen sich um die Arbeiten der preisgekrönten koreanischen Künstlerin Young-Jae Lee, die ihre Werkstatt im Südosten des Geländes hat. Aus einfachen Tonklumpen entstehen auf fast schon meditative Weise einzigartige, an den Bauhaus-Stil angelehnte Schalen, Teekannen, Vasen und Pflanzgefäße, die hier auch präsentiert werden. Ein Genuss für alle, die Freude an handwerklicher Ästhetik und vollendeten Formen haben.

Keramische Werkstatt Margaretenhöhe
Bullmannaue 19
45327 Essen
T. 0201 305080
www.kwm1924.de
Mo–Fr 9–17 Uhr, Sa 11–15 Uhr

7 Erleben
Essen-Katernberg

Sinnliche Wahrnehmung

Eine spannende Entdeckungsreise durch die Welt der physikalischen Phänomene und der sinnlichen Wahrnehmung. An über 80 Stationen im Innen- und Außenbereich können die Besucher Licht, Klang, Geruch und Bewegung studieren und selbst erzeugen. Die Dauerausstellung wurde von dem in Essen geborenen Künstler und Pädagogen Hugo Kükelhaus entwickelt und begeistert Jahr für Jahr 60 000 Besucher.

Phänomania Erfahrungsfeld
Am Handwerkerpark 8–10
45309 Essen
T. 0201 301030
www.erfahrungsfeld.de
Sa, So 10–17 Uhr
in den Ferien tgl. 10–17 Uhr
(letzter Einlass 15 Uhr)

8 Genießen
Essen-Katernberg

Feine Küche in spektakulärer Umgebung

Die ehemalige Kompressorenhalle der Zeche Zollverein ist einer der ungewöhnlichsten Standorte, die ein Restaurant haben kann. Hier bietet das Casino Zollverein feine, innovative Küche in einem spektakulären Ambiente. Wer nicht so ambitioniert essen will, ist im überdachten Biergarten mit 200 Plätzen ebenfalls bestens aufgehoben.

Casino Zollverein
Gelsenkirchener Straße 181
45309 Essen
T. 0201 830240
www.casino-zollverein.de
Di–Fr 17.30–24 Uhr, Sa 13–24 Uhr,
So 11–14.30 u. 17.30–24 Uhr

9 **Erleben**
Essen-Katernberg

Minimalistisch reduzierte Formensprache

Ein Muss für jeden Architekturliebhaber ist der helle, 35 Meter mal 35 Meter große und 34 Meter hohe Kubus des japanischen Architekturbüros SANAA, das mit diesem Projekt weltweit Aufsehen erregt hat. Das Team hat die minimalistisch reduzierte Formensprache der Zollvereinschöpfer Fritz Schupp und Martin Kremmer aufgenommen. Die 134 Fenster sind nur scheinbar wahllos angeordnet, sie werden vielmehr von Funktion, Himmelsrichtung und Lichteinfall bestimmt. Seit 2010 wird SANAA von der Folkwang Universität der Künste und für öffentliche Veranstaltungen genutzt.

SANAA-Gebäude
Gelsenkirchener Straße 209
T. 0201 18503400
www.folkwang-uni.de
www.folkwang-agentur.de

Zwei alte Bergbaustädte, die sich neu erfunden haben:

Bottrop und Gladbeck

1 Erleben
Bottrop

Die längste Skihalle der Welt

Klingt verrückt, ist aber wahr: Die längste Skihalle der Welt steht in Bottrop, der Schnee ist gführig und auch die Temperaturen sind winterlich. Das alpincenter Bottrop bietet die nahezu perfekte Illusion eines Skitags in den Alpen – mit ordentlich Gaudi, nur ohne Sonne und Bergpanorama. Dafür ist die Anreise unkompliziert. Mit ihrer Länge von 640 Metern erreicht die auf einer früheren Halde angelegte Piste sogar Mittelgebirgsstandard. Anfänger kommen ebenso gut zurecht wie Könner, die für die Saison trainieren wollen.

alpincenter Bottrop
Prosperstraße 299–301
46238 Bottrop
T. 02041 70950
www.alpincenter.com/bottrop
So–Do 10–23 Uhr, Fr–Sa 10–2 Uhr

2 Erleben
Bottrop

Der Traum vom Fliegen

Der Luftstrom bläst mit 280 km/h durch den vertikalen Windkanal und lässt jeden schweben. Fallschirmspringer können hier den freien Fall aus 4000 Meter Höhe simulieren, andere setzen gefahrlos ihren Traum vom Fliegen um und gleiten scheinbar schwerelos durch den Windtunnel. Die Begleitung darf währenddessen zuschauen. Die Ausrüstung wird gestellt, eine Voranmeldung empfohlen, denn frei wie ein Vogel möchten sich viele gern einmal fühlen.

Indoor Skydiving
Prosperstraße 297
46238 Bottrop
T. 02041 373730
www.indoor-skydiving.com

3 Erleben
Bottrop

Spaß auf 1000 Metern

Die einzige Sommerrodelbahn im Ruhrgebiet gehört natürlich auch zum alpincenter Bottrop. Bei der rasanten Abfahrt auf der schienengeführten Bahn wird man bis zu 42 km/h schnell. Es geht dabei durch steile Kurven und einen Panoramakreisel. Nach 1000 Metern ist der Spaß vorbei. Leider.

alpincenter Sommerrodelbahn
Prosperstraße 299–301
46238 Bottrop
T. 02041 70950
www.alpincenter.com/bottrop
Öffnungszeiten: bitte auf die Homepage schauen

4 Genießen
Bottrop

Zu Gast bei Ente Lippens

„Herr Lippens, ich verwarne Ihnen", sagte der Schiedsrichter. Darauf erwiderte Bundesliga-Star Willi Lippens: „Ich danke Sie", und kassierte prompt die Rote Karte. Über die Anekdote lacht heute noch das ganze Ruhrgebiet – inklusive Willi Lippens, der wegen seines Watschelgangs „Ente" genannt wurde. „Ich danke Sie" heißt auch das Restaurant mit rustikaler Küche, das der einstige Publikumsliebling auf seinem idyllischen Lippenshof eröffnet hat – umgeben von Feld, Wald und Pferdekoppeln. Ein Ausflug dorthin lohnt sich nicht nur für Fußballnostalgiker.

Restaurant „Ich danke Sie"
Gungstraße 198
46238 Bottrop
T. 02041 45935
www.mitten-im-pott.de
Di–Fr 17–22 Uhr, Sa 16 -23 Uhr, So 11–22 Uhr

5 **Entdecken**
Bottrop

Die Werke des Bauhaus-Meisters

Seine ineinander verschachtelten farbigen Quadrate haben Josef Albers berühmt gemacht. Die Werke des 1888 in Bottrop geborenen Bauhaus-Künstlers, eines Malers und Philosophen der Farben, sind in dem quadratisch angelegten Museumsgebäude zu bewundern. Der Weg dorthin führt durch den malerischen Stadtgarten mit Skulpturen bekannter Bildhauer. Schon deshalb lohnt der Besuch. Gleich daneben: Das Museum für Ur- und Ortsgeschichte mit prähistorischen Funden, das zudem spannende Einblicke in die Siedlungsgeschichte des Ruhrgebiets vermittelt. Der Eintritt in beide Museen ist frei!

Josef Albers Museum Quadrat Bottrop
Im Stadtgarten 20
46236 Bottrop
T. 02041 29716
www.bottrop.de
Di–Sa 11–17 Uhr, So 10–17 Uhr

6 **Entdecken**
Bottrop

Tolle Hechte im Heidesee

Hier schnauft der Ruhrgebietler durch: Am Heidesee im Bottroper Stadtteil Kirchhellen ist aus einer ehemaligen Kiesgrube ein 34 Hektar großer See entstanden, der inzwischen zu den beliebtesten Nah-Erholungszielen der Umgebung gehört. Rund um den See, der im Landschaftsschutzgebiet liegt, führen Wanderwege, die sich auch in die umliegenden Wälder erstrecken. Besonders angesagt ist der See bei Anglern, denn dort gibt es nach Expertenmeinung viele Hechte. Aber auch Nicht-Petrijünger haben das Biotop als Ort der Ruhe und Entspannung entdeckt, an dem es an Wochenenden zuweilen voll werden kann.

Heidesee
Alter Postweg 73
46244 Bottrop

7 Genießen
Bottrop

Get your kicks an Route 66

Vor der Tür stehen schwere Motorräder. Drinnen knarrender Holzboden, eine lange Theke, leuchtende Neons und an der Wand ein Bisonkopf. Woodpecker's Roadhouse in Bottrop-Grafenmühle ist Bar und Restaurant zugleich und erfüllt alle Klischees einer Raststätte im mittleren Westen entlang der berühmten Route 66. Aber nicht nur Biker kommen gern und genießen die Feinheiten der US-Küche, wie zum Beispiel riesige Burger. Auch brave Büroangestellte mit ihren Familien zieht es hierher. Ein kleiner Easy Rider steckt schließlich in jedem von uns.

Woodpecker's Roadhouse
Zur Grafenmühle 147
46244 Bottrop
T. 02045 410048
www.woodpeckers-roadhouse.de
Tgl. 9–24 Uhr

8 Entdecken
Bottrop

Durchsichtige Pyramide

Landmarke, Pharaonengrab, durchsichtige Pyramide – für den Tetraeder auf der Halde Beckstraße gibt es jede Menge Deutungen. Auf jeden Fall ist die

begehbare Skulptur einer der bekanntesten Standorte der Industriekultur und weithin sichtbar. Was auch daran liegt, dass die Halde und der 50 Meter hohe Tetraeder auf eine Gesamthöhe von 165 Metern über NN kommen. Drei Aussichtsplattformen lassen sich über die nach unten offenen Treppen erklimmen, die oberste auf 38 Metern Höhe ist sogar noch um acht Grad geneigt. Bei starkem Wind stellt sich ein leichtes Schwanken ein. Natürlich ist die 1995 eingeweihte Konstruktion zigfach auf ihre Sicherheit überprüft worden. Wer das leichte Fracksausen überwindet, wird mit einem tollen Ausblick belohnt.

Halde Beckstraße mit Tetraeder
Beckstraße
46238 Bottrop
www.bottrop.de/funcity-freizeit-tourismus

9 Erleben
Bottrop

Hollywood und Kirmesfeeling

SpongeBob und Startrek, rasante Stunts, atemberaubende Fahrgeschäfte und Tanz-Shows, angelehnt an die großen Filmerfolge – im Movie Park erwartet den Besucher ein Mix aus Hollywood und Großkirmes. Da saust „The High Fall" aus 60 Metern Höhe der Erde entgegen, während die rasende Fahrt in der Indoor-Achterbahn „Van Helsing's Factory" vorbei an Monstern und Zombies führt. Es würde zu weit führen, den Movie Park mit all seinen Attraktionen zu beschreiben. Am besten schaut man sich Deutschlands größten Film- und Freizeitpark selbst einmal an. Auf dem 46 Hektar großen Gelände steht auch die erste Holzachterbahn, die in Deutschland in Betrieb genommen wurde. Kreischalarm!

Movie Park
Warner Allee 1
46244 Bottrop-Kirchhellen
T. 02045 899899
www.movieparkgermany.de
tgl. ab 10 Uhr. Wegen der Schlusszeiten besser auf die Homepage schauen

10 Genießen
Bottrop

Kein Zug nach nirgendwo

Hier hält schon lange kein Zug mehr – stattdessen gibt es einen Zuzug. Und zwar von zufriedenen Gästen, die es in das historische Gebäude des einstigen Bahnhofs Nord zieht, um dort bestens zu speisen. Raffinierte Küche zu angemessenen Preisen, aber keineswegs überkandidelt, lautet der Tenor. Gern besucht wird auch der Biergarten auf den ehemaligen Gleisen. Auf der einen Seite befindet sich die Backsteinfassade des Bahnhofs, auf der anderen Seite fällt der Blick ins grüne Umfeld mit einem selten befahrenen Güterzuggleis. Unser Mitgefühl gilt dem Lokführer, der sicher gern an diesem Bahnhof halten würde.

Restaurant Bahnhof Nord
Am Vorthbach 10
46240 Bottrop
T. 02041 988944
www.bahnhof-nord.de
Mi–So 18–1 Uhr

11 Entdecken Bottrop

Der Leidensweg Christi

Zur Karfreitagsprozession kommen tausende Christen, aber auch an allen anderen Tagen ist die mit 185 Metern über NN höchste begehbare Halde des Ruhrgebiets einen Besuch wert. Der Aufstieg zur Halde ist dem Kreuzweg nachempfunden. An 15 Stationen werden in Kupferplatten die Leiden Christi dargestellt, dazu jeweils ein Werkzeug aus der Welt des Bergbaus. Die Ordensfrau Tisa von der Schulenburg, der Oberhausener Künstler Adolf Radecki und Auszubildende des Bergwerks Prosper-Haniel haben den Kreuzweg geschaffen. Das weithin sichtbare Gipfelkreuz, ein Amphitheater mit 800 Plätzen und die Installation „Totems" des baskischen Künstlers Agustín Ibarrola, der über 100 bunt bemalte Bahnschwellen auf den Gipfel installiert hat, vereinigen sich zu einem eindrucksvollen Bild.

Halde Haniel
Fernewaldstraße
46242 Bottrop, Parkplatz Bergwerk Prosper-Haniel
oder
Kirchhellener Straße
46145 Oberhausen
www.bottrop.de/funcity-freizeit-tourismus

12 Entdecken Bottrop

Schlafen in der Röhre

Ziemlich verrückte Idee, aus zwei Klärbecken einen schönen Freizeitpark zu machen, mit einem Parkhotel mittendrin. Selbiges besteht allerdings nur aus fünf Betonröhren, 3 Meter lang und 2,4 Meter im Durchmesser, in denen Gästezimmer eingerichtet wurden. Sanitäre Einrichtungen befinden sich im Container nebenan. Es gibt keine Rezeption, Reservierung nur online. Jeder zahlt, was ihm die Sache wert ist. Noch eine Besonderheit: Auf der Oberseite der Röhren ist ein Bullauge, durch das man direkt in den Himmel über dem Ruhrgebiet schaut.

BernePark mit Parkhotel
Ebelstraße 25a
46242 Bottrop
T. 02041 3754840
www.bernepark.de
www.dasparkhotel.net (für Buchungen)

13 Erleben
Bottrop

Eltern können sich entspannt zurücklehnen

Leicht angegraut und ziemlich retro ist der Freizeitpark Schloss Beck – aber gerade darin liegt der Reiz. Fahrten mit dem Ponywagen oder auch Reiten auf Ponys sind der Hit. Gefüttert werden die Tiere allerdings mit Münzen, denn sie sind aus Plastik. Die Abenteuerspielplätze, Spielhäuser zum Austoben, Verstecken und Klettern, das Tretbootfahren auf dem Schlossteich und der 220 Meter lange Baumkronenpfad gefallen vor allem Kindern, die noch kein eigenes Smartphone haben. Weil dies alles so kindgerecht und unspektakulär ist, können sich Eltern entspannt zurücklehnen. Übrigens: Schloss Beck gilt als eines der am besten erhaltenen spätbarocken Baudenkmäler Westfalens und liegt in einem wunderschönen Schlosspark.

Schloss Beck
Am Dornbusch 39
46244 Bottrop
T. 02045 5134
www.schloss-beck.de
Tgl. 9–18 Uhr

14 Entdecken
Bottrop

Natur pur und immer feucht

Ein Ruhrgebietsphänomen sind die Bodenabsenkungen, die der Bergbau zwangsläufig mit sich bringt. Das Grundwasser steigt auf und verwandelt größere Flächen in eine Seenplatte. Zwar wird das Wasser abgepumpt und fortgeleitet, doch der Boden bleibt immer feucht. Für den Köllnischen Wald, der einst dem Bistum Köln gehörte, war dies ein Segen. Viele Baumarten, zum Beispiel Rotbuchen und Roteichen, finden hier deshalb gute Bedingungen. Auch viele Tiere und Pflanzen, die man seltener sieht, haben sich in dem riesigen Naturschutzgebiet angesiedelt. Ein kleiner Urwald im Revier, durch den einige Wanderwege führen.

Köllnischer Wald
Oberhausener Straße
46242 Bottrop

15 Erleben Bottrop

Zeitreise in die wilden 1920er Jahre

Der Schreck hat nachgelassen. Aus dem ehemaligen Gruselabyrinth NRW im ehemaligen Zechengebäude von Prosper II ist die Erlebnisfabrik „Eloria" geworden. In mehreren Escape-Rooms warten interaktive Rätsel und Überraschungen auf die Besucher, die plötzlich in einem Zirkuswagen stehen oder im Hauptquartier einer Verbrecherbande, die gerade den nächsten Coup plant. Besonders spannend dürfte „Exploria" sein, eine Zeitreise in die 1920er Jahre, die stark an die TV-Serie „Babylon Berlin" erinnert, mit Polizeirevier, Marktplatz und Ganovenviertel. Der Besucher schreitet durch einen Bilderrahmen. Und schon ist er drin, in den Wilden 1920ern.

Eloria
Knappenstraße 36
46238 Bottrop
T. 02041 5670666
www.eloria.de

16 Erleben Gladbeck

Erholung pur nicht nur für Kumpel

Eingebettet in eine Parklandschaft mit Teichen gehört das aus dem 13. Jahrhundert stammende Wasserschloss Wittringen zu den Perlen, die kaum jemand im Ruhrgebiet vermutet. Mitte der 1920er-Jahre übernahm die Stadt Gladbeck die damals stark heruntergekommene Anlage und baute sie um. Vor allem die Kumpel der damals zahlreich vorhandenen Zechen sollten sich hier an ihren freien Tagen erholen. Heute ist Wittringen eines der beliebtesten Ausflugsziele im Revier. Zum Wasserschloss gehört auch das Museum der Stadt Gladbeck mit seinen naturkundlichen und bergbaugeschichtlichen Sammlungen im historischen Herrenhaus.

Wasserschloss Wittringen
Burgstraße 64
45964 Gladbeck
Restaurant
T. 02043 22323
www.wasserschloss-wittringen.de
Tgl. 9–22 Uhr
Museum
T. 02043 23029
www.museum-gladbeck.de
April bis Oktober Di–So 11–18 Uhr, November bis März Di–Sa 12–18 Uhr, So 11–18 Uhr

17 Entdecken
Gladbeck

Auf Kohle geboren

Die Bergbauära geht zu Ende. Doch ihre Geschichte wird wortwörtlich weitergetragen – in Form von Shirts und Hoodies, in die ein Stück eines Original-Grubenhemds eingearbeitet wurde. Mehr noch: Auf der Innenseite stehen Strophen des Steigerlieds, und die Kleidungsstücke tragen Zechennamen wie „Hibernia“ oder „Consol“. Neun junge Kreative haben das Mode-Startup „Grubenhelden“ gegründet. Sie designen und verkaufen ihre Produkte im eigenen Store, in dem vieles an die Bergbauzeit erinnert.

Modelabel „Grubenhelden“
Maria-Theresien-Straße 1
45964 Gladbeck
www.grubenhelden.de
Do–Fr 13–19 Uhr, Sa 10–16 Uhr

18 Entdecken
Gladbeck

Spielort der Ruhrtriennale

Von 1908 bis 1963 arbeitete die Zeche Zweckel, doch geblieben sind nur zwei Fördertürme und vor allem die Maschinenhalle. Für Bewunderer herausragender Industriearchitektur gehört sie mit ihren arkadenartigen Fenstern, geschwungenen Treppen, dem Mezzanin und den verbliebenen wuchtigen Maschinen zum Pflichtprogramm. Natürlich haben längst Kunst und Kultur Zweckel entdeckt. Konzerte und Ausstellungen finden hier statt. Die Maschinenhalle, die von der Stiftung Industriedenkmalpflege und der Stadt Gladbeck restauriert wurde, ist inzwischen auch einer der populärsten Spielorte der Ruhrtriennale.

Maschinenhalle Zweckel
Frentroper Straße 74
45966 Gladbeck
T. 0231 9911220
www.industriedenkmal-stiftung.de

19 Entdecken
Gladbeck

Der Pott in Farbe

Von außen trist, von innen bunt ist die über 100 Jahre alte ehemalige Lagerhalle der Zechen- und Hafenbahn. 2016 kam die Künstlerin Susanne A. Schalz mit ihrem Atelier „Pott in Farbe" hierher und hat ein Stück Industriekultur in den nüchternen Zweckbau gebracht. Auf zwei Etagen hat Schalz ihre Werke ausgestellt. Das Magazin ist aber auch ein Kulturtreff. Konzerte, Theater und Performances finden hier statt.

Magazin Gladbeck
Talstraße 11
45966 Gladbeck
www.magazin-gladbeck.de
Do 16–19 Uhr sowie jeden 1. Freitag im Monat ab 19 Uhr
und nach Vereinbarung
T. 0173 7170210
www.magazin-gladbeck.de

20 Genießen
Gladbeck

Lieblingstreff der Gladbecker

Dieser Ort hat etwas: Im großzügigen, stilvollen Ambiente der alten Gladbecker Stadtbücherei werden Klassiker der italienischen Küche in Kombination mit moderner deutscher Küche angeboten. Gern und oft treten hier auch Musiker verschiedenster Genres auf. Im Sommer lockt der Biergarten mit 150 Plätzen. Kein Wunder, dass sich die Gladbecker hier gern treffen.

Mundart
Café Bar Restaurant
Bottroper Straße 17
45964 Gladbeck
T. 02043 2096776
www.mundart-gladbeck.de

21 Genießen (Pommes-Tipp)
Gladbeck

Das Geheimnis der Mayonnaise

Wie der Name schon sagt: Der goldgebräunte Flattermann steht hier im Vordergrund, aber Currywurst und Pommes werden mit ähnlicher Hingabe zubereitet. Ganz besonders stolz ist man auf die Mayo, die eigens für Ralf Steffes und seinen halben Hahn hergestellt wird, nach geheimer Gewürzmixtur. Nur die Coca-Cola-Rezeptur wird besser behütet. Seit 1961 dreht sich in Gladbeck-Brauck der Hähnchengrill und die Pommes schmurgeln in der Fritteuse. Qualität setzt sich eben durch.

Zum Halben Hahn
Horster Straße 406
45968 Gladbeck
T. 02043 33477

Ruhrfestspiele, Lift für Schiffe und mehr Romantik, als viele glauben:

Recklinghausen, Herten und Waltrop

1 **Erleben**
Recklinghausen

Die Geschichte der Elektrifizierung

Wie sehr hat der elektrische Strom unser Leben verändert? Antworten darauf gibt das Museum Strom und Leben in Form einer Zeitreise durch die Geschichte der Elektrifizierung. Mit Hilfe einer Wasserturbine und einer Dampfmaschine werden unterschiedliche Formen der Stromerzeugung, gezeigt. Wie die Energie auf die Schiene gebracht wird, lässt sich in einer 100 Jahre alten Straßenbahn mit gläsernem Boden studieren. Telefonapparate und Haushaltsgeräte aus den letzten Jahrzehnten, historische Elektroautos und Spiele wie Ping und Tetris aus der Computer-Steinzeit machen die rasante Entwicklung deutlich. Untergebracht ist das Museum im 1928 erbauten ehemaligen Umspannwerk, das unter Denkmalschutz steht. Das passt.

Museum Strom und Leben
Uferstraße 2–4
45663 Recklinghausen
Navi Bochumer Straße 253
T. 02361 9842216
www.umspannwerk-recklinghausen.de
Mo–Sa 10–17 Uhr, So 10–18 Uhr

2 **Entdecken**
Recklinghausen

Gut geleitet durch die gute Stube

Alte Fachwerkhäuser, verwinkelte Gassen, historisch und zugleich romantische Orte: Die Recklinghäuser Altstadt erobert man am besten zu Fuß. 2,6 Kilometer lang ist der bestens ausgeschilderte Rundgang. Er führt durch fünf verschiedene Quartiere vorbei an 19 sehenswerten Orten, darunter die Alte Apotheke und die Stadtmauer. Start und Ziel ist das ebenfalls sehr sehenswerte Rathaus von 1908. Am Weg: etliche gemütliche Lokale, in die es sich einzukehren lohnt. Kein Wunder, dass die Recklinghäuser ihre Altstadt als „gute Stube des Ruhrgebiets“ bezeichnen.

Rundgang durch die Altstadt
Rathaus
Rathausplatz 3–4
T. 02361 500
www.recklinghausen.de

3 Genießen
Recklinghausen

Strandrestaurant am Kanal

Frachtschiffe und Ausflugsdampfer tuckern über den Rhein-Herne-Kanal, zwischendrin gleiten elegante Sportboote übers Wasser. Das alles lässt sich prima vom Stadthafen Recklinghausen aus beobachten, der bei jedem Wetter ein gewisses Strandgefühl vermittelt und sogar Liegestühle bereit hält. Zur perfekten Urlaubsillusion gehört auch ein Restaurant mit Terrasse und Strandbar, wo man exotische Drinks genießen kann.

Stadthafen Recklinghausen
Am Stadthafen 10
45663 Recklinghausen
T. 02361 9606211
www.stadthafen.com
Tgl. ab 12 Uhr

4 Erleben
Recklinghausen

Gefühlt wie in 1000 Metern Tiefe

Der Stollen liegt nur 17 Meter unter der Erde unter einer Halde, aber gefühlt sind es 1000 Meter. Viele Jahre übten im Trainingsbergwerk Recklinghausen Auszubildende und ausgebildete Bergleute im komplett nachgebildeten Innenleben eines Bergwerks, all das zu meistern, was unter Tage passieren kann. Ende 2018 ist Schicht am Schacht für den Bergbau in Deutschland, aber Schulklassen und Bergbau-Interessierte können weiterhin in das 1,2 Kilometer lange Streckennetz „einfahren". Es soll sogar zum Besucherzentrum aufgewertet werden. Voranmeldung erforderlich.

RAG Deutsche Steinkohle
Trainingsbergwerk Recklinghausen
Wanner Straße 30
45661 Recklinghausen
T. 02361 308223
www.rag.de

5 **Entdecken**
Recklinghausen

Weltweit bedeutend

Es gilt als das weltweit bedeutendste Museum ostkirchlicher Kunst außerhalb der orthodoxen Länder: Das Ikonenmuseum im Schatten der Propsteikirche St. Peter zeigt mehr als 3000 Ikonen, Goldstickereien, Miniaturen, Holz- und Metallarbeiten aus Russland, Griechenland und den Balkanländern. Das mit Abstand wertvollste Stück ist ein russischer Jahreskalender auf zwei Holztafeln aus der ersten Hälfte des 16. Jahrhunderts. Kein Museum für einen schnellen Rundgang. Wer die Feinheiten beachtet, spürt rasch die tiefe Frömmigkeit, die hier zum Ausdruck kommt.

Ikonen-Museum
Kirchplatz 2a
45657 Recklinghausen
T. 02361 501941
www.ikonen-museum.com
Di–So 11–18 Uhr

6 **Erleben**
Recklinghausen

Nur nicht aus der Bahn fliegen

Vor dem Playstation-Zeitalter war eine Carrera-Bahn der Traum vieler Jungen – und mancher Väter. Die Caracho-Modellrennbahn bietet allen verhinderten Rennfahrern Gelegenheit, sich auf den drei Rennstrecken, die jeweils 40 Meter lang sind, so richtig auszutoben und ihr fahrerisches Geschick zu demonstrieren. Hier werden ganze Rennserien ausgefahren. Wer seine privaten Autos und Fahrregler noch hat, kann sie mitbringen. Die Mini- Boliden können natürlich auch geliehen werden.

Caracho Modellrennbahn
Herner Straße 97–99
45659 Recklinghausen
T. 02361 21061
www.carachocenter.de
Mi–Fr 15–22 Uhr, Sa 11–22 Uhr, So 11–20 Uhr

7 **Entdecken**
Recklinghausen

Den Sternen nahe

Der 20 Meter hohe achteckige Turm der Sternwarte im Stadtgarten von Recklinghausen ist kaum zu verfehlen. Doch wenn die Wolkendecke den Blick durchs Fernrohr auf Sterne und Planeten nicht freigibt, rettet das angeschlossene Planetarium den Ausflug. Am künstlichen Sternenhimmel des Kuppelraums prangen 6000 Sterne, die bei klarem Himmel mit bloßem Auge gesehen werden können. Unser Sonnensystem und die Bahnen der Planeten werden anschaulich demonstriert. Hoher Erkenntnisgewinn nicht nur für Hobbyastronomen.

Westfälische Volkssternwarte und Planetarium Recklinghausen
Stadtgarten 6
45657 Recklinghausen
T. 02361 23134
www.sternwarte-recklinghausen.de
Geöffnet zu den öffentlichen Veranstaltungen Mo, Mi, Fr 19.30 Uhr, Kinderveranstaltungen jeden Fr 16 Uhr

8 Erleben
Recklinghausen

Schöne Wege, freilaufende Pfauen

Elefanten und Löwen sucht man hier vergeblich. Dafür ist der Eintritt frei und der Besucher wandert durch einen schönen alten Park und kommt vorbei an 20 Gehegen, in denen Rhesusaffen, Steppenfüchse, Esel und viele andere Tiere – insgesamt sind es 630 – wohnen. Kaninchen, Hühner und stolze Pfauen laufen sogar frei herum. Für mehr als 25 Vogelarten, vom Beo über Kongo-Papageien bis zum Zebrafinken, sind die Vogelhalle und die Volieren ein Zuhause. Die große Vogelhalle ist begehbar, Besucher können dort die Vögel im Flug beobachten

Stadtgarten mit Tierpark Recklinghausen
(Parken am Festspielhaus)
Otto-Burrmeister-Allee 1
45657 Recklinghausen
www.recklinghausen.de
April bis September tgl. 9–18 Uhr,
Oktober bis März tgl. 9–16.30 Uhr

9 Entdecken
Recklinghausen

Bauhaus-Stil auf dem grünen Hügel

Immer am 1. Mai beginnt in Recklinghausen eines der bedeutendsten Theater-Festivals in Europa: die Ruhrfestspiele. Schauspielstars wie Kate Blanchett oder John Malkovich haben hier schon gastiert. Aber auch außerhalb des Festivals ist das Haus mit dem offiziellen Namen „Vestisches Cultur- & Congresszentrum" ein etablierter Spielort für Konzerte und Theateraufführungen und zugleich Kongresszentrum. Anhänger des Bauhaus-Stils empfinden das 2001 mit dem Deutschen Architekturpreis ausgezeichnete Gebäude, das auf einer Anhöhe im Stadtgarten liegt, als Offenbarung. Stadtgarten, Ruhrfestspielhaus mit der angesagten Gastronomie „Suberg's" und die nahe Altstadt lassen sich bestens an einem halben Tag erforschen.

Ruhrfestspielhaus
Otto-Burrmeister-Allee 1
45467 Recklinghausen
T. 02361 918401
www.vccre.de

10 Entdecken
Recklinghausen

Polnische Kunst
Für Liebhaber: Die Sammlung des privat finanzierten Museums Jerke besteht aus 600 Exponaten. Zu sehen sind Raritäten der polnischen Avantgarde der 1920er-Jahre und der polnischen Moderne ab 1960, die der aus Oberschlesien stammende Augenarzt Dr. Werner Jerke schon während seiner Studienzeit in Bonn in den 1980er-Jahren gesammelt hat. Einige der Exponate wurden bereits im Museum of Modern Art in New York und anderswo auf der Welt ausgestellt. Im puristisch eingerichteten, eigens für die Ausstellung gebauten Haus kommen die Kunstwerke besonders zur Geltung.
Museum Jerke
Johannes-Janssen-Straße 7
45657 Recklinghausen
T. 02361 9096808
www.museumjerke.com
Fr 14–18 Uhr, Sa 11–15 Uhr

11 Genießen (Pommes-Tipp)
Recklinghausen

Der Grieche mag große Portionen
Für halbe Sachen ist Mirofora Katsarou nicht zu haben. Das gilt für die Speisekarte mit locker 150 Gerichten, aber auch für die Größe der Portionen. Auch hier steht der Klassiker CPM im Mittelpunkt. Ohne ein wohliges Sattheitsgefühl hat wohl noch niemand das Lokal in der ehemaligen Tankstelle verlassen. Der gebürtige Grieche, der seit 2005 den Grill führt und vorher bei Opel gearbeitet hat, legt Wert darauf, weitgehend auf Fertigprodukte zu verzichten und viel Hausgemachtes anzubieten – sehr zur Freude der vielen Stammgäste.
Sattmacher der Grieche
Börster Weg 58a
45657 Recklinghausen
T. 02361 14669
www.sattmacher-der-grieche.de
Di–Sa 11.30–23 Uhr, So 16–23 Uhr

12 Genießen
Herten

Urlaub um die Ecke

Ausspannen, was für den geplagten Körper tun – im Freizeitbad Copa Ca Backum gibt es die ideale Mischung von Gesundheit und aktivem Badespaß. Sole- und Erlebnisbecken, Whirlpool- Wasserspielplatz, Wellnessoase und Saunalandschaft machen die Ruhrpott-Version der Copacabana zu einem beliebten Ausflugsziel weit über die Stadtgrenzen von Herten hinaus.

Copa Ca Backum
Über den Knöchel/Teichstraße
45699 Herten
T. 02366 307310
www.copacabackum.de
Freizeitbad: Mo 10–22 Uhr, Di–Sa 8–22 Uhr, So 8–21 Uhr

13 Entdecken
Herten

Rund um das Königliche Gemüse

Hier dreht sich alles um den Spargel, das königliche Gemüse. Aber nicht nur die köstlichen weißen Stangen gehören zu den Attraktionen des Spargeldorfes Scherlebeck. Wer das ländliche Einkaufserlebnis schätzt, findet hier je nach Saison auch Erdbeeren, Kartoffeln, frisch gebackenes Brot, verschiedene Gemüsesorten, Äpfel, Himbeeren oder Kürbisse – auf den Hertener Bauernhöfen wartet eine vielfältige Auswahl. Kräftig gefeiert wird hier auch: Bei der Krönung der Scherlebecker Spargelkönigin, bei der Spargel-Gala im Mai und vielen anderen Veranstaltungen. Außerdem bietet sich das Erholungsgebiet Ried im Norden der alten Bergbaustadt Herten mit seinen Feldern, Wiesen und Wäldern für wunderschöne Spaziergänge und Radtouren an.

Spargeldorf Scherlebeck
Riedstraße
45701 Herten
www.Spargeldorf-Scherlebeck.de

14 **Genießen**
Herten

Königinnen der Nacht auf der alten Zeche

So schräg kann der Strukturwandel sein: Auf Zeche Ewald, dem wohl buntesten alten Bergbaustandort, residiert in der alten Heizzentrale Christian Stratmanns RevuePalast Ruhr mit einer begeisternden Travestieshow. Das Ambiente aus rotem Samt, blätterndem Putz und funkelnden Leuchtern und vor allem die herausragenden, internationalen Künstler in ihren prächtigen Kostümen – das alles sorgt für einen äußerst unterhaltsamen Abend. Ein paar Meter tiefer wartet die bizarre Untertagebar – bekannt aus dem ARD-Sportschau-Club – auf Gäste.

RevuePalast Ruhr
Werner-Heisenberg-Straße 2–4
45699 Herten
T. 02325 588999
www.revuepalast-ruhr.com

Landschaftspark Hoheward
Besucherzentrum Hoheward
Werner-Heisenberg-Straße 14
45699 Herten
T. 02366 181160
www.landschaftspark-hoheward.de

15 Entdecken
Herten

Stonehenge des Ruhrgebiets
Wir sind hier nicht auf einem fremden Planeten. Aber surreal wirkt die Halde Hoheward schon, die gemeinsam mit der Halde Hoppenbruch die größte Haldenlandschaft Europas bildet und durch Stege und Treppen erschlossen ist. Aus unglaublichen 180 Millionen Tonnen Abraum, die im Lauf der Jahrzehnte auf der Zeche Recklinghausen angefallen waren, wurde der Landschaftspark gestaltet. Auf dem Gipfelrücken in 152 Metern Höhe über NN treffen im Horizontobservatorium Himmel und Erde aufeinander: Zwei 46 Meter hohe Halbbögen stellen den Meridian- und den Äquatorbogen da. Weiter südlich reckt sich der 8,5 Meter hohe Obelisk in die Höhe, der bei gutem Wetter als Zeiger einer Sonnenuhr dient. Zur Winter- und Sommersonnenwende ist das „Stonehenge des Reviers“ voll von Menschen, die eine dort herrschende Mystik zu erspüren glauben.

16 Entdecken
Herten

Interaktive Forschungsreise
Zu einer interaktiven Entdeckungsreise lädt die Ausstellung „NEUE HORIZONTE – Auf den Spuren der Zeit“ im Besucherzentrum Hoheward ein. Die Besucher werden animiert, Horizontastronomie zu erfahren, Himmelszyklen zu entdecken und Zusammenhänge zu verstehen. Zum Beispiel, wie das Horizontobservatorium und die Sonnenuhr auf der Halde Hoheward miteinander verknüpft sind. Ohne Horizonterweiterung geht hier garantiert niemand raus.

Ausstellung NEUE HORIZONTE
Besucherzentrum Hoheward
Werner-Heisenberg-Straße 14
45699 Herten
T. 02366 181160
www.landschaftspark-hoheward.de
Da sich die Öffnungszeiten ändern können, bitte auf die Homepage schauen!

17 Entdecken
Herten

Wie aus der Zeit gefallen

Eine der schönsten Seiten des Ruhrgebietes: Wer durch das alte Dorf Westerholt mit seinen mehr als 60 Fachwerkhäuschen wandert, taucht in eine andere Zeit ein. Bei einem sonnigen Spaziergang durch die engen Gassen kommt das Gefühl auf, in einem Historienfilm mitzuwirken. Balkeninschriften erinnern an Gottesfurcht, Feuersbrünste und eine Sonnenuhr verrät auch ohne Batterie die Uhrzeit. Schön, dass es so etwas noch gibt.

Altes Dort Westerholt
Mühlenkampstraße (Parkplatz)
45701 Herten
www.herten.de

18 Erleben
Herten

Spätgotische Baukunst

Ein weiteres Kleinod der alten Bergbaustadt Herten ist Schloss Herten. 1376 erstmalig urkundlich erwähnt und ab 1520 als Schloss errichtet, gilt die einstige Burganlage als herausragendes Beispiel spätgotischer Baukunst in Nordwestdeutschland. Auch das Umfeld ist einen Spaziergang wert. Der berühmte Hofgärtner Weyhe gestaltete den einstigen französischen Garten von 1814 bis 1817 zu einem englischen Landschaftsgarten um. Die Orangerie und einige Alleen blieben dabei erhalten. Mit seinen über 300 Baumarten ist der Schlosspark ein Paradies für Botaniker. Wassergraben und Schlossteiche beeindrucken zudem mit einer großen Artenvielfalt an Wasservögeln.

Wasserschloss Herten mit Schlosspark
Im Schlosspark
45699 Herten
www.herten.de

19 **Entdecken**
Waltrop

Die gute alte Handarbeit

Wer Spaß an guten, handgefertigten Produkten hat und auch bereit ist, einen angemessenen Preis dafür zu bezahlen, sollte sich das Manufactum-Warenhaus in den altehrwürdigen Hallen der Zeche Waltrop nicht entgehen lassen. Von der freiformgeschmiedeten Bratpfanne bis zum extravaganten Sessel gibt es hier hochwertige Gebrauchsgegenstände für alle, die auf Qualität und Status gleichermaßen Wert legen und keine Massenproduktion mögen. Das integrierte Restaurant „Lohnhalle" und der Brot&Butter-Laden mit erlesenen Spezialitäten lohnt den Besuch auch wegen der historischen Zechenarchitektur.

Manufactum
Hiberniastraße 4
45731 Waltrop
T. 02309 939142
www.manufactum.de

20 **Entdecken**
Waltrop

Technisches Wunderwerk aus Kaisers Zeiten

Es war ein großer Tag für das nördliche Ruhrgebiet, als Kaiser Wilhelm II. am 11. August 1899 das Schiffshebewerk Henrichenburg am Dortmund-Ems-Kanal einweihte. Fast 120 Jahre danach ist der gigantische Schiffslift – damals wie heute ein technisches Wunderwerk – eine Hauptattraktion der Route der Industriekultur. Auch der Preußenadler prangt immer noch hier und da an den Fassaden und der Stahlkonstruktion. Im Industriemuseum stehen die Geschichte und Technik des Bauwerks und das Leben der Schifferfamilien im Vordergrund. Großartig: der Blick von den beiden Haupttürmen auf die weite Kanallandschaft. Aber auch eine Kanalfahrt mit der „MS Henrichenburg" lohnt.

LWL-Industriemuseum
Schiffshebewerk Henrichenburg
Am Hebewerk 26
45731 Waltrop
T. 02363 97070
www.schiffshebewerk-henrichenburg.de
Di–So 10–18 Uhr

21 Genießen
Waltrop

Traditionell und gewagt

Traditionelle Gerichte und verwegene Neukompositionen, abgerundet mit einer Prise Abenteuer – die Crew vom Gasthaus Stromberg versteht es wirklich, Neugier zu wecken. Ein guter Ruf eilt ihr jedenfalls voraus. Wenn Sie schon in Waltrop sind, schauen Sie doch einfach mal rein.

Gasthaus Stromberg
Dortmunder Straße 5
45731 Waltrop
T. 02309 4228
www.gasthaus-stromberg.de
Di–Fr 17.30–23 Uhr,
Sa 11–15 und 17–23 Uhr

22 Genießen (Pommes-Tipp)
Waltrop

Der König der Currywurst

Sir Curry Heini klingt etwas seltsam, aber wenn es einen Ritterschlag für die Inhaber von Pommesbuden gäbe, wäre Curry Heini alias Heinrich Höver mit Sicherheit dabei. 1965 reichte er in der Waltroper Innenstadt die ersten Pommes über die Theke seines Imbissstandes und wurde – auch wegen seines rauen Charmes – rasch im ganzen nördlichen Ruhrgebiet bekannt. 2001 übernahm Sohn Ludger die Grillzange, der den hervorragenden Ruf bis heute bewahren konnte. Prominente Gäste wie Ente Lippens oder Herbert Feuerstein waren schon hier, und Ludger war mal Akteur bei Stern TV. Pommes und Currywurst erhalten Bestnoten, die hausgemachte Sauce gilt als genial.

Speisegaststätte Ludger Höver – Curry Heini
Dortmunder Straße 20
45731 Waltrop
T. 02309 2808
www.curry-heini.de
Mo–Di und Do–Sa 11–22 Uhr, So 17–22 Uhr

Am Nordrand des Ruhrgebiets:

Marl, Haltern am See, Dorsten und Datteln

1 **Erleben**
Marl

Hier stimmt die Chemie

Wann bietet sich schon einmal die Chance, einen der größten Chemiestandorte Europas zu erleben? Wer sich für Wirtschaft und Technik interessiert, kommt im Chemiepark Marl garantiert zu neuen Erkenntnissen. Auf dem riesigen Gelände der früheren Chemischen Werke Hüls, heute Evonik, arbeiten 10 000 Menschen. Über vier Millionen Tonnen Vorprodukte werden hier jährlich produziert. Zum Glück öffnen sich auch für Besucher die Werkstore – natürlich nur im Rahmen von Führungen. Dazu gehört auch ein Abstecher in die 9. Etage des Hochhauses, von wo man einen tollen Blick auf die Werksanlagen und das Ruhrgebiet hat. Geschichte und Gegenwart des Standorts zeigt eine Ausstellung im Informations-Centrum.

Chemiepark Marl
Informations-Centrum
Lipper Weg 235
45772 Marl
T. 02365 495999
www.chemiepark-marl.de
www.marl.de
Werksführungen Di, Do, Sa, So 11 Uhr

2 **Erleben**
Marl

Bildende Kunst hautnah

Skulpturen von August Rodin, Ernst Barlach, Alberto Giacometti und anderen mussten den berühmten Glaskasten im Marler Rathaus verlassen. Bis 2024 sind sie nun in der Martin-Luther-Schule zu sehen. Dann kann der endgültige Standort im Kunst- und Kreativquartier Marschall 66 in der ehemaligen Schule Kampstraße bezogen werden. Am angestammten Platz über das ganze Stadtgebiet verteilt blieben aber die 70 Werke von Richard Serra, Max Ernst und anderen. Marl ist weiterhin ein Mekka der bildenden Kunst.

Skulpturenmuseum Glaskasten
Georg-Herwegh-Straße 67
45768 Marl
T. 02365 992257
www.skulpturenmuseum-glaskasten-marl.de
Di–Fr 11–17 Uhr, Sa–So 11–18 Uhr

3 **Entdecken**
Haltern am See

Historischer Schauplatz

Auch das beschauliche Haltern hat eine bewegte Geschichte. Vor 2000 Jahren befand sich hier das Zentrum der römischen Macht im rechtsrheinischen Gebiet. Aliso hieß der Militärkomplex, in dessen Hauptlager bis zu 5000 Legionäre lebten. Genau hier steht heute das LWL-Römermuseum, das mit Hilfe von 1200 Original-Exponaten anschaulich demonstriert, wie fortgeschritten Technik, Kultur und Logistik der Römer damals waren. Wer wissen will, was ein Legionär mit sich herumtragen musste, kann einmal das damalige Marschgepäck anlegen oder bei „Kochen wie die Legionäre" mitmachen. La Dolce Vita geht anders. Audioguide-Touren führen durch das Museum und die Außenanlagen.

LWL-Römermuseum und Römerbaustelle Aliso
Weseler Straße 100
45721 Haltern am See
T. 02364 93760
www.lwl-roemermuseum-haltern.de
Di–Fr 9–17 Uhr (Do bis 19 Uhr),
Sa–So 10–18 Uhr

4 **Erleben**
Haltern am See

Paddeln und planschen im Ruhrgebiet

Für die Menschen im Ruhrgebiet ist der Halterner Stausee, der 1930 künstlich angelegt wurde, von besonderer Bedeutung: als Wasserreservoir für über eine Million Menschen und zugleich als Ausflugsziel. Rund zehn Kilometer lang ist der Rundweg um den See mit seinen idyllischen Aussichts- und Rastplätzen. Auch auf dem Wasser gibt es viele Möglichkeiten: Paddel- und Tretboote können ausgeliehen werden, ebenso Ruderboote. Wem das zu anstrengend ist, dem bleibt das Fahrgastschiff „Möwe" als Alternative. Zehn Autominuten vom Stausee entfernt liegt das Strandbad Silbersee II, das aus einem Baggersee entstanden ist und wegen seines 800 Meter langen Natursandstrands sehr gut besucht wird. An heißen Tagen tobt hier der Bär. Karibische Gefühle in der Badewanne des Reviers.

Halterner Stausee
Hullerner Straße 102
45271 Haltern am See

Strandbad Silbersee II
Zum Vogelsberg
45271 Haltern am See

5 Entdecken
Haltern am See

Hermann Löns hätte seine Freude

Der Bergbau brauchte Grubenholz, das Vieh knabberte die nachwachsenden Bäumchen ab. So entstand die letzte wirklich große Heidelandschaft des Reviers, die an den Halterner See angrenzt. Schmale sandige Wege führen vorbei an riesigen Wacholderbüschen, kleinen Dünen und vielen Tieren, die hier ihren Rückzugsraum gefunden haben und nicht gestört werden sollten. Spektakulär ist die Heide zur Blütezeit im Juli und August, aber auch im Winter, wenn der erste Frost die Pflanzen überzieht. Heidedichter Hermann Löns hätte seine Freude gehabt.

Westruper Heide
über Hullerner Straße/Flaesheimer Damm
45721 Haltern am See
www.haltern-am-see.de

6 Genießen
Dorsten

Früher Kohle, heute Kunst und Kulinarik

Zechen und Hochadel haben wenig gemeinsam. Anders in Dorsten, wo Nikolaus Leopold Fürst zu Salm-Salm einst das Bergrecht besaß und so zum Namensgeber der Zeche wurde. Von 1913 bis 2001 wurde hier das schwarze Gold gefördert. Als Schicht im Schacht war, blieben die alten Gebäude zum Glück erhalten. Künstler, Kreative und Start-ups fanden Patina und Charme der Kohle-Ära faszinierend; eine Tapas-Bar, ein Veggie-Restaurant, das Vinyl-Café „Schwarzes Gol" und andere Restaurants eröffneten. Heute ist das „CreativQuartier Fürst Leopold" zu einem bekannten Szeneviertel geworden.

CreativQuartier Fürst Leopold
Fürst-Leopold-Platz 1–8
46284 Dorsten
T. 02362 943040
www.creativquartier-fuerst-leopold.de

7 Genießen
Dorsten

Zu Gast bei Frank Rosin und Björn Freitag

Dorsten ist ein Ziel für Gourmets, die den Guide Michelin stets mit sich führen. Was daran liegt, dass in der 75 000-Einwohner-Stadt zwei der bekanntesten Köche Deutschlands leben und arbeiten. Frank Rosin, mit zwei Michelin-Sternen ausgezeichnet, verwöhnt hier ebenso seine Gäste wie Björn Freitag, dessen Traditionsrestaurant „Goldener Anker" einen Stern hat. Beide sind mit ihren Fernsehproduktionen fast wöchentlich im TV zu sehen, ohne ihre Gäste zu vernachlässigen.

Restaurant Rosin
Hervester Straße 18
46286 Dorsten
T. 02369 43 22
www.frankrosin.de
Di–Sa ab 18 Uhr

Goldener Anker
Lippetor 4, Navi: Kappusstiege
46282 Dorsten
T. 02369 22553
www.bjoern-freitag.de
Mi–So ab 18 Uhr

8 Erleben
Dorsten

Einblicke in jüdisches Leben

Das 1992 eröffnete Museum am Rande der Altstadt von Dorsten gibt Einblicke in das religiöse Leben und den Alltag der in Westfalen lebenden Juden und präsentiert zahlreiche Dokumente des deutschen Judentums. „Unser Impuls ist die Geschichte der Diskriminierung, Verfolgung

und Ermordung, aber auch der Emanzipation und Teilhabe von Juden in Deutschland" – so beschreiben die Verantwortlichen des Museums ihre Ziele.

Jüdisches Museum Westfalen
Julius-Ambrunn-Straße 1
46282 Dorsten
T. 02362 45279
www.jmw-dorsten.de
Di–Fr 10–12. 30 Uhr und 14–17 Uhr,
Sa–So 14–17 Uhr

9 Entdecken
Dorsten

Mekka für Gartenfans und Adelsverehrer
Mit etwas Glück trifft man sogar den Schlossherrn. Aber Schloss Lembeck, eines der schönsten Wasserschlösser Nordrhein-Westfalens, ist auch ohne adlige Begleitung einen Besuch wert. Als Ritterburg im 12. Jahrhundert entstanden und Ende des 17. Jahrhunderts umgebaut, zieht die dreiflügelige barocke Schlossanlage jedes Jahr viele tausende Besucher an. Auf dem Schlossgraben tummeln sich zahlreiche Enten, Gänse und Blässhühner. Der englische Garten, in dem neben vielen anderen Pflanzen 150 Rhododendren und unzählige Rosen wachsen, lässt das Herz jedes Gartenliebhabers höherschlagen. Die Führung durch die historischen Räume, vorbei an flämischen Gobelins und edlem chinesischen Porzellan, sollte man nicht versäumen.

Schloss Lembeck
Schloss 2
46286 Dorsten-Lembeck
T. 02369 7167
www.schlosslembeck.de
Park Mo–Freitag 11–16 Uhr,
Sa–So 10–18 Uhr,
Schloss siehe Homepage

10 Genießen (Pommes-Tipp)
Dorsten

Bestnoten

Wer in der gleichen Stadt wie die Sterneköche Björn Freitag und Frank Rosin einen Imbiss betreibt, darf keine Schwächen zeigen. Heinz-Peter Finke legt in Dorsten äußersten Wert auf Qualität, bekommt Bestnoten von den Testern sowohl für seine Flattermänner als auch für CPM, bietet zudem Schnitzelvarianten, hausgemachte Frikadellen und Riesenburger an. Seine Currysauce, die es auch im Glas gibt, macht dem Vernehmen nach süchtig. Sehr positiv dürfte sich auch der ausgefeilte Online-Auftritt auswirken.

Hähnchen Finke
Friedrichstraße 1b
46284 Dorsten
T. 02362 62470
www.hahnfinke.de
Mo–Do 11.30–22 Uhr, Fr–Sa 11.30–22 Uhr, So 12.30–22 Uhr

11 Erleben
Datteln

Mekka der Erholung

Kaum zu glauben, aber wahr: Im Norden des Ruhrgebiets, zwischen Haltern am See, Marl und Datteln liegt der mit über 1000 Quadratkilometern viertgrößte Naturpark Deutschlands, die Hohe Mark, zu der auch das 55 Quadratkilometer große Waldgebiet Die Haard gehört. Nicht nur Reviermenschen, sondern auch Touristen aus ganz Deutschland kommen wegen der riesigen Kiefern- und Eichenwälder hierher. Wanderer, Walker, Biker und Reiter finden auf den sandigen Wegen in der „grünen Lunge“ des Ruhrgebiets ein Mekka der Erholung.

Waldgebiet Die Haard
Parkmöglichkeiten
Katenkreuz (hier gibt es auch ein Café/Restaurant)
Redderstraße 392
45711 Datteln
Zum Dachsberg
45721 Haltern am See

12 Genießen
Datteln

Perfekte Erholung

Mitten im Waldgebiet Die Haard liegt das Vier-Sterne-Wellnesshotel Jammertal, in dem man auch vorzüglich speisen kann. Körper, Seele und Gaumen werden auf vielfache Weise verwöhnt, Stress und Hektik verschwinden in der idyllischen Umgebung auf Anhieb – wenn man nur will.

Jammertal
Redderstraße 421
45711 Datteln
T. 02363 3770
www.jammertal.de

Kirmes, Kunst und Kohletradition:

Herne und Castop-Rauxel

1 Entdecken
Herne

Villengegend mit Pütt

Sie arbeitete nur 16 Jahre, die Zeche Teutoburgia im Herner Stadtteil Börnig. 1925 war Schicht im Schacht. Was von ihr blieb, ist die schönste Zechensiedlung des Ruhrgebiets. Manche sehen sie sogar als Villengegend und als die perfekte Umsetzung des Gartenstadtkonzepts. Arbeiter und Angestellte sollten in der Nähe der Zeche günstig wohnen, in einem lebenswerten Umfeld, ohne trennende Zäune und Hecken. Es entstanden 136 Häuser mit 530 Wohnungen, von denen keines dem anderen gleicht. Eine prachtvolle Allee, große Freiflächen und viel gepflegtes Grün vervollständigen den harmonischen Gesamteindruck.

Siedlung Teutoburgia
Baarestraße
44627 Herne
www.herne.de

2 Entdecken
Herne

Nizza-Klima im Glaskubus

Was fängt man mit einer 1978 stillgelegten großen Zeche an? Im Herner Stadtteil Sodingen wurde die wohl extravaganteste Lösung gefunden: Abbruch, Verfüllen der Schächte der Zeche Mont Cenis und Bau eines 180 Meter langen, 75 Meter breiten und 15 Meter hohen Glaskubus, der auf 56 Fichtenstämmen aus dem Sauerland ruht. Eine der weltweit größten in ein Dach integrierten Solaranlagen liefert Energie und Wärme. Innerhalb der Glashülle ist es bis zu zehn Grad wärmer aus draußen. Hier gedeihen Palmen, leise plätschern kleine Wasserläufe. In diesen Glaspalast zogen die Fortbildungsakademie des Landes Nordrhein-Westfalen, ein Hotel und verschiedene Einrichtungen für Bürger. Mont Cenis, benannt nach einem französischen Gebirgsmassiv, gilt seit 1999 als Eldorado für Stadtplaner und Architekturfans.

Mont Cenis
Mont Cenis Platz 1
44627 Herne
www.route-industriekultur.ruhr

3 Entdecken Herne

Kunst und Industriekultur

Es braucht nicht viel Fantasie, um zu ahnen, was früher in den Flottmann-Hallen produziert wurde. Der symmetrisch gegliederte, fünfschiffige Baukörper, angelehnt an Jugendstil und Neue Sachlichkeit, liegt nämlich an der „Straße des Bohrhammers" in der einstigen Bergbaustadt Herne. Und Flottmann war einer der wichtigsten Zulieferbetriebe für den Bergbau schlechthin.

Seit 1986 sind die denkmalgeschützten Flottmann-Hallen ein Zentrum für Theater, Musik und bildende Kunst. Schwerpunkt der Wechselausstellungen sind raumspezifische Projekte, die vielfach erst vor Ort und für den Ort entstehen. Rund um die Hallen wurde ein Skulpturenpark errichtet, in dem auch das ehemalige Werkstor von 1902 aus Eisen und Bronze steht.

Flottmann-Hallen
Straße des Bohrhammers 5
44625 Herne
T. 02323 162953
www.flottmann-hallen.de
Di–So 14–18 Uhr

4 Erleben
Herne

Unterirdische Grabungslandschaft

Im wahrsten Wortsinn unterirdisch präsentiert sich das LWL-Museum für Archäologie, denn die gesamte Ausstellungsfläche von 3000 Quadratmetern befindet sich unter der Erde. Durch die Grabungslandschaft führt ein Steg zu den Fragmenten einer alten Kirche, zu Brunnen und Gräbern. Über 10 000 Funde machen deutlich, wie die Menschen einst hier lebten. Im preisgekrönten Forscherlabor wird gezeigt, mit welchen Verfahren die Funde analysiert werden. Auf dem Außengelände gibt es ein Grabungscamp.

LWL-Museum für Archäologie
Westfälisches Landesmuseum
Europaplatz 1
44623 Herne
T. 02323 9462824
www.landesmuseum-herne.de
Di, Mi, Fr 9–17 Uhr, Do 9–19 Uhr,
Sa–So 11–18 Uhr

5 Genießen
Herne

Nostalgie und Birne-Wein-Torte

Seit mehr als einem halben Jahrhundert eine Institution in Herne: die „Konditorei Café Confiserie Wiacker“. Neben bester Qualität bietet sie eine Reise in eine Zeit, in der ältere Damen im Café den Hut aufbehielten und Seidenblumen die Optik bestimmten. Wo gibt es das noch? Der bekannte Restaurantkritiker der Westdeutschen Allgemeinen Zeitung war von der Birnen-Wein-Torte begeistert.

Wiacker
Konditorei, Café, Confiserie
Neustraße 1
44623 Herne
T. 02323 51109
www.wiacker.de

6 **Entdecken**
Herne

Emschertal-Museum

Ein Schlosspark samt großem Teich, der eines der schönsten Renaissance-Gebäude im Ruhrgebiet umgibt – kein Wunder, dass Schloss Strünkede bei Hernern und Auswärtigen gleichermaßen beliebt ist. Das aus dem 16. und 17. Jahrhundert stammende Renaissance-Wasserschloss gehört zum schönen Emschertal-Museum, das die örtliche Geschichte von den Anfängen über die Industrialisierung bis heute präsentiert und dabei die Historie derer von Strünkede nicht auslässt. Ob Mittelaltermarkt oder Sommertheater, an Events herrscht auf Strünkede kein Mangel.

Schloss Strünkede
Karl-Brandt-Weg 5
44629 Herne
T. 02323 161072
www.herne.de
Di–Fr 10–13, 14–17Uhr,
Sa 14–17 Uhr, So 11–17 Uhr

7 **Erleben**
Herne

Picasso, Chagall und andere

Ganz in der Nähe des Wasserschlosses Strünkede präsentiert in einer alten Villa die Städtische Galerie die Kunstbestände des Emschertal-Museums, in deren Mittelpunkt Naturalismus und Expressionismus des 20. Jahrhunderts stehen. Viele Bilder lokaler Künstler sind hier zu sehen, aber auch Werke von Chagall und Picasso. Wunderbare Ergänzung zu Schlossbesuch und Parkbummel.

Städtische Galerie
Karl-Brandt-Weg 2
44629 Herne
T. 02323 162659
Di–Fr 10–13, 14–17 Uhr,
Sa 14–17 Uhr, So 11–17 Uhr
www.herne.de

8 Erleben
Herne

Den viel besungenen Mond von Wanne-Eickel kennt jeder, den Mondpalast in Wanne-Eickel sollte jeder kennen. Denn das große Volkstheater von Prinzipal Christian Stratmann ist einzigartig. Nirgendwo lässt sich der typische Ruhrgebietshumor, gut gemixt mit einer ordentlichen Prise Selbstironie, besser erleben. „Herr Pastor und Frau Teufel“ oder „Der zerdepperte Pott“ heißen einige der turbulenten Stücke, allesamt mit Lachgarantie. Und in „Ronaldo & Julia“ geht es um eine eigentlich unmögliche Liebe zwischen Schalke und Dortmund.

Mondpalast
Wilhelmstraße 26
44649 Herne (Wanne-Eickel)
T. 02325 5888999
www.mondpalast.com

9 Genießen (Pommes-Tipp)
Herne

Herner Institution

Wie kommt man nur auf den Namen Ati? Wird bestimmt von Beatrix Handke abgeleitet, die seit 2008 in der Futterkrippe regiert – und das mit großem Erfolg. Die Karte bietet für jeden etwas, auf Qualität wird peinlich genau geachtet und die freundliche Crew trägt ebenfalls dazu bei, dass aus Einmal-Gästen fast immer Stammkunden werden.

Ati’s Futterkrippe
Bickernstraße 47
44649 Herne (Wanne-Eickel)
T. 02325 50585
Di–Fr 15.30–22 Uhr,
Sa 12–22 Uhr, So 15.30–22 Uhr

10 Erleben
Herne

Beste Kirmeslaune

Wer Anfang August im Ruhrgebiet ist, sollte sich das Spektakel nicht entgehen lassen. Die Cranger Kirmes ist das größte Volksfest in Nordrhein-Westfalen und kann es locker mit dem Münchner Oktoberfest aufnehmen. Vier Millionen Besucher kommen im Schnitt hierher und genießen die Mischung aus modernsten Fahrgeschäften und nostalgischen Getränke- und

Losbuden. Allerdings fehlt der Promi-Faktor, was den Ruhris ohnehin nicht wichtig ist. Höhepunkt sind der Kirmessamstag mit dem Festumzug sowie die Feuerwerke zur Eröffnung und zum Abschlusstag, zwischen denen zehn turbulente Kirmestage liegen.

Cranger Kirmes
An der Cranger Kirche
44653 Herne (Wanne-Eickel)
www.cranger-kirmes.de
Mo–Do 13–24 Uhr, Fr–Sa 13–2 Uhr,
So 11–24 Uhr

11 **Genießen**
Herne

Haldengeist und Kirmestropfen
Crange mit seiner berühmten Kirmes gehört zu Wanne-Eickel, was seit 1975 wiederum zu Herne gehört. Wanne-Eickel wird gern auch als deutsche Übersetzung von Castrop-Rauxel verulkt. Schluss damit. Der Besuch der Alten Drogerie Meinken in Crange gleicht einer Zeitreise in die späten 1930er-und frühen 1950er-Jahre – mit Regalen, Kassen und Fläschchen aus dieser Zeit. Eine schräge Kulisse, um sich durch das hier präsentierte Schnaps- und Likörangebot zu probieren, mit verheißungsvollen Namen wie „Kirmestropfen", „Cranger Leckerchen", „Haldengeist" oder „Rote Barbara".

Alte Drogerie Meinken
Hauptstraße 414
44653 Herne (Wanne-Eickel)
T. 02325 73666
www.altedrogeriemeinken.de

12 Entdecken
Herne

Nicht Kohle, sondern Kreativität wird gefördert

Von 1871 bis 1928 wurde hier Kohle gefördert, seit den 1970er-Jahren dann ausschließlich Kreativität und Talente. Die Künstlerzeche Unser Fritz 2/3 in Herne ist ein ganz besonderes Beispiel für den erstaunlichen Wandel im Ruhrgebiet, weg von der (Kohlen-)Masse, hin zur künstlerischen Klasse. Früher als an vielen anderen ehemaligen Bergbaustandorten ließen sich Künstler in den Gebäuden und auf dem Gelände nieder. Das Besondere: Sie öffnen ihre Ateliers für die Besucher. Unser Fritz 2/3 ist ein attraktiver Ort für Ausstellungen, Diskussionen, Konzerte und Lesungen. Interessanter Mix aus alter Zechenherrlichkeit und künstlerischer Freiheit.

Künstlerzeche Unser Fritz 2/3
Zur Künstlerzeche 10
44653 Herne (Wanne-Eickel)
Mi und Sa 15–18 Uhr, So 14–17 Uhr
www.kuenstlerzeche.de

13 Entdecken
Castrop-Rauxel

Typisches westfälisches Wasserschloss

Erstmals urkundlich erwähnt wurde das imposante Wasserschloss schon 1266, seine heutige Form erhielt es dagegen im 16. Jahrhundert. Ältester Teil des Komplexes ist das halbkreisförmige Torhaus. Hier wie auch im Herrenhaus und an den Türmen sind die für Westfalen einmaligen grünen Kachelfriesen zu bewundern. Auf Bladenhorst finden in unregelmäßigen Abständen Veranstaltungen statt. Einzelheiten auf der Homepage.

Wasserschloss Bladenhorst
Westring 346
44579 Castrop-Rauxel
www.schlossbladenhorst.de

14 Genießen
Castrop-Rauxel

Selbstgebrautes Bier und Jungfernpraten

Vier Biersorten werden im rustikalen Brauhaus Rütershoff gebraut: helles und dunkles Landbier, Zwickel und das alkoholfreie Bernsteinweizen. Gern lädt man dort auch zur stilechten Rittertafeley ein. Mittelalterliche Musik kommt aus dem „magischen Kästelein" und auf den Tisch kommt neben anderen Ritterspeisen ein „Jungfernbraten". Lasset es Euch schmecken, edle Herren.

Brauhaus Rütershoff
Schillerstraße 33
44575 Castrop-Rauxel
T. 02305 24923
www.brauhaus-ruetershoff.de
Mo–Do 17–23 Uhr, Fr ab 17 Uhr, Sa ab 11 Uhr, So 11–23 Uhr

15 Entdecken Castrop-Rauxel

Geokreuz und Sonnenuhr

Es gibt viele Methoden, eine Abraumhalde zu veredeln. Die 147 Meter über NN liegende Halde Schwerin wurde durch die stählerne Sonnenuhr des Künstlers Jan Bormann zum „Berg der Sonnenzeit". Die Uhr besteht aus 24 Edelstahlstäben. Von Bormann stammt auch das „Geokreuz" mit einer Industrie- und Naturachse. Am Fuß der Halde, sie ist übrigens der höchste Berg Castrop-Rauxels, sind die Kunstwerke „Wassertempel" von Peter Strege und „Sinuspergola" von Klaus Corzilius zu sehen.

Halde Schwerin
Bodelschwinghstraße
44577 Castrop-Rauxel
www.ruhr-tourismus.de

Stadt der 1000 Feuer:

Gelsenkirchen

1 ZOOM Erlebniswelt 164
2 Schalke-Museum 165
3 Veltins-Arena 165
4 Wasserburg Lüttinghof 166
5 Windhundstadion „Emscherbruch“ 166
6 Stölting Harbor 167
7 Nordsternpark 167
8 Ristorante Trulli 168
9 Musiktheater im Revier 168
10 Halde Rheinelbe 169
11 Schloss Berge 170
12 Vereinslokal Schalke 04 Bosch 171
13 Kunstmuseum Gelsenkirchen 171
14 Museum Schloss Horst 172
15 Stadtgarten 172
16 Hans-Sachs-Haus 173
17 Graziella II 173
18 Zeche Consol 3/4/9 174
19 kultur.gebiet CONSOL 175
20 HUGO I. Trattoria Villa Italia 175
21 Park Grill 175

1 Erleben

Gelsenkirchen

Weltreise an einem halben Tag

An einem halben Tag durch Afrika, Asien und Alaska zu wandern – alles kein Problem. Denn in der Gelsenkirchener ZOOM Erlebniswelt liegen die Kontinente dicht beieinander. Gitterkäfige und Stallungen gibt es in diesem ganz besonderen Zoo nicht. Dafür fast authentische Landschaften, die der natürlichen Heimat der Tiere ähnlich sind. Antilopen und Zebras grasen in der Savanne. Elche, Luchse und Wölfe streifen durch die Tundra, die Kodiakbären haben sogar einen eigenen Wasserfall. Seelöwen schwimmen durch den Glastunnel, der kühn „Beringstraße" genannt wird. Gleich nebenan beginnt der südostasiatische Regenwald mit Orang-Utans und Hanuman-Languren, kleinen Pandas und Trampeltieren. Feuchtwarmes Tropenklima, geheimnisvolle Geräusche und viele verschiedene Tiere in der Asienhalle machen den ZOOM-Besuch zu einer kleinen Urwaldexpedition.

ZOOM Erlebniswelt
Bleckstraße 64
45889 Gelsenkirchen
T. 0209 95450
www.zoom-erlebniswelt.de
April bis September 9–18.30 Uhr,
März und Oktober 9–18 Uhr,
November bis Februar 10–17 Uhr

2 Erleben

Gelsenkirchen

Blau und Weiß, wie lieb ich dich

Die großen Erfolge, schmerzhafte Niederlagen und die Beinahe-Meisterschaft 2001 leben im Schalke-Museum weiter, dessen Besuch in dieser fußballverrückten Stadt beinahe Pflicht ist. Trikots, die bei großen Siegen getragen wurden, ausgelatschte Fußballtreter, Wimpel und Pokale, Reminiszenzen an den berühmten Schalker Kreisel laden den Fußballfan zur Nostalgiereise ein. Sogar eine Kopie des DFB-Pokals, den Ex-Manager Rudi Assauer fallen ließ, steht in einer Vitrine.

Schalke-Museum
Eingang West 1
Arenaring 1
45891 Gelsenkirchen
T. 01806 221904
www.schalke04.de/verein/tradition/museum
Di–Fr 10–18 Uhr, Sa–So 10–17 Uhr
Spieltage beachten

3 Erleben
Gelsenkirchen

Deutschlands größte Arena mit Schubladenrasen und Bierpipeline

Nicht nur Fußballstars spielen gern in Deutschlands größter Mehrzweckarena, die 62 000 Zuschauer fasst. Operndiven, Rock-Idole, die weltbesten Biathleten und Eishockeycracks hatten hier umjubelte Auftritte. Der Rasen ist in eine 118 Meter lange und 73 Meter breite Wanne eingebettet und kann – einer Schublade ähnlich – herausgezogen werden, wenn andere Events anstehen. Tour-Guides führen die Besucher durch alle Winkel im Bauch der Arena. Und erklären natürlich auch das berühmte Rohrsystem der Bierpipeline. Es ist insgesamt 5000 Meter lang. Tipp: Stadionführung und Museumsbesuch (Tipp 2) lassen sich gut kombinieren. Fußballnostalgiker statten natürlich auch der Glückauf-Kampfbahn (Tipp 6) einen Besuch ab.

Veltins-Arena
Arenaring 1
45891 Gelsenkirchen
T. 01806 221904
www.veltins-arena.de

4 Entdecken
Gelsenkirchen

Das älteste Gebäude der Stadt

700 Jahre westfälische Geschichte verkörpert die Wasserburg Lüttinghof im Norden Gelsenkirchens. Sie stammt aus dem 14. Jahrhundert ist damit das älteste erhaltene Gebäude der Stadt, umgeben von einem ausgedehnten Park. Beim Kultur-Sommer, bei Jazz-Reihen und Kammerkonzerten gehen Kunst und das Ambiente der Wasserburg eine genussvolle Symbiose ein. Zutritt ist nur in Verbindung mit einer Veranstaltung möglich – oder über den „Kuchengarten" sonntags von 11 bis 18 Uhr, der bei kühlem Wetter im Kreuzgewölbe stattfindet.

Wasserburg Lüttinghof
Lüttinghofallee 3–5
Navi: Auf der Kämpe/ Altendorfer Straße
45896 Gelsenkirchen
T. 0209 60495610
www.luettinghof.de

5 Erleben
Gelsenkirchen

Wilde Jagd nach dem falschen Hasen

Eigentlich very british, doch Windhundrennen haben auch in Gelsenkirchen Tradition. Samt Starterbox und elektrisch angetriebenem Hasen, dem die Meute mit Hingabe hinterherrennt. 480 Meter lang ist die Rennstrecke in der Resser Mark, die meist in 35 Sekunden bewältigt wird. Gezockt wird im Emscherbruch aber nicht. Dass es trotzdem sehr professionell zugeht, beweist die Tatsache, dass der Windhundrennverein Westfalen-Ruhr e.V. schon viermal die Europameisterschaften ausgerichtet hat. Angeboten wird auch „Coursing", das einer Jagd in freiem Gelände gleicht. Der Hase schlägt dank moderner Technik seine Haken und kommt auch hier ungeschoren davon. Die Renntermine stehen auf der Homepage.

Windhundstadion „Emscherbruch"
Wiedehopfstraße 197
45892 Gelsenkirchen
T. 0209 783947
www.wrv-westfalen-ruhr.de

6 Entdecken
Gelsenkirchen

Hafencity mitten im Ruhrpott

Ja, es ist wahr. Gelsenkirchen, früher wegen der zahlreichen Hochöfen und Zechen gern „Stadt der 1000 Feuer" genannt, hat nicht nur viel Grün, sondern auch eine schmucke Hafencity: mit Marina, Schiffsanleger, Restaurants und attraktiver Wohnbebauung direkt am Rhein-Herne-Kanal. Das Dienstleistungsunternehmen Stölting hat viel Geld in die Hand genommen und aus dem 80 Hektar großen, ehemaligen Kraftwerksgelände der Zeche Graf Bismarck mit Unterstützung von Stadt und Land eine schmucke Hafenmeile gemacht. Das weitläufige Gelände direkt am Wasser lädt zum Spaziergang ein, im architektonisch ambitionierten Hafengebäude „Stölting Harbor" sind Restaurants wie der Italiener „Purino" und der Beef & Bowl-Spezialist „Ruhrkind" mit ausgesuchten Steak-Spezialitäten angesagt. Übrigens: Bowl steht für Salatschüssel.

Stölting Harbor
Johannes-Rau-Allee 15
45889 Gelsenkirchen
Purino Gelsenkirchen
www.purino.de
Ruhrkind
www.das-ruhrkind.de

7 Erleben
Gelsenkirchen

Von der Zeche zum Freizeitparadies

Über die Herkules-Statue von Markus Lüpertz auf dem Nordsternturm ärgern sich manche Gelsenkirchener noch heute. Dabei dokumentiert das Kunstwerk doch auch, dass sich hier der Strukturwandel von seiner schönsten Seite zeigt. 1993 wurde die Zeche Nordstern stillgelegt, um sich bereits vier Jahre später im Rahmen der Bundesgartenschau 1997 als schöne Parklandschaft mit hohem Freizeitwert zu präsentieren. An die Bergbauära erinnert heute noch ein Schau-Bergbaustollen von 67 Metern Länge. Das Amphitheater direkt am Rhein-Herne-Kanal gilt als angesagte Location für Konzerte und Aufführungen aller Art. Familien gehen bevorzugt zum Wasser- und Abenteuerspielplatz auf der Südseite des Kanals. Ein weiterer Blickfang ist die „Hall of Fame“, eine 400 Meter lange Mauer, auf der sich Graffiti-Künstler legal verewigen können. Der Eintritt in den Nordsternpark ist kostenlos.

Nordsternpark
Am Bugapark 1
45899 Gelsenkirchen
www.gelsenkirchen.de/nordsternpark

8 Genießen
Gelsenkirchen

Bella Italia in der City

Frische, hochwertige Produkte, gehobene Küche – das allein reicht nicht aus, damit ein Restaurant Erfolg hat. Die Atmosphäre muss stimmen. Dass man sich bei „Trulli“ in der Gelsenkirchener Innenstadt stets ein bisschen wie in Bella Italia fühlt, dafür sorgen schon der weit über die Stadtgrenzen bekannte Patron Mauro Cidaria und Sohn Francesco mit ihrem Temperament und ihrer Herzlichkeit. Bekannte Fußballer kommen ebenso gern hierher wie Normalbürger und genießen die italienischen Momente.

Ristorante Trulli
Von-der-Recke-Straße 6
45879 Gelsenkirchen
T. 0209 1550999
www.trulli-ge.de
Mo, Di, Do, Fr 12–14.30 u. 17–23 Uhr, Sa u. So 12–23 Uhr

9 Erleben
Gelsenkirchen

Symbiose von Kunst und Architektur

Das Musiktheater im Revier (MiR) zählt zu den bedeutendsten Theaterbauten der Nachkriegszeit und wird hochgelobt als wegweisende Integration von Architektur und bildender Kunst. Am 15. Dezember 1959 wurde der Komplex nach den Entwürfen der Architektengruppe Werner Ruhnau, Harald Deilmann, Ortwin Rave und Max von Hausen mit zwei Spielstätten - dem Großen und dem Kleinen Haus – eröffnet. Der riesige Kubus mit seiner durchgehenden Glasfront dominiert den weitläufigen Standort am Schnittpunkt zweier Verkehrsachsen. Das vom Künstler Yves Klein entwickelte besondere Blau seiner 7 mal 20 Meter großen Wandreliefs an den Seitenwänden des geräumigen, lichtdurchfluteten Musiktheaterfoyers wurde schließlich zur Gelsenkirchener Stadtfarbe. Die In-

szenierungen des Ballett- und Opernensembles werden bundesweit beachtet und von den Besuchern sehr geschätzt.

Musiktheater im Revier
Kennedyplatz
45881 Gelsenkirchen
T. 0209 4097200
www.musiktheater-im-revier.de

10 Entdecken
Gelsenkirchen

Himmelsleiter auf Abraum

Nein, wir sind nicht bei den Azteken in Mexiko. Trotzdem hat die Halde Rheinelbe etwas Mystisches, vor allem durch die zehn Meter hohe Skulptur „Himmelstreppe" des Künstlers Hermann Prigann. Sie besteht aus tonnenschweren Teilen einer alten Kokerei und reckt sich auf dem kahlen südlichen Haldenkegel dem Himmel entgegen. Rund 35 Meter hoch ist der angeschüttete Berg auf der Halde und bildet mit der Skulptur, die auch „Himmelsleiter" genannt wird, eine der prägnantesten Landmarken des Ruhrgebiets. Den nördlichen Teil hat sich die Natur zurück erobert. Er ist zum größten Teil bewaldet. Auch hier stehen Skulpturen, die Prigann aus Abbruchmaterial der Schwerindustrie geschaffen hat.

Halde Rheinelbe
Leithestraße 35
45886 Gelsenkirchen
www.gelsenkirchen.de

11 **Genießen**
Gelsenkirchen

Die gute Stube der Stadt

Für die Gelsenkirchener ist sie die gute Stube der Stadt und ein bevorzugtes Ausflugsziel: die Wasserburg Schloss Berge, deren Anfänge im 13. Jahrhundert liegen. Rund um das barocke Schloss, das heute als Hotel, Restaurant und Tagungsstätte genutzt wird, erstreckt sich eine ausgedehnte Grünanlage mit französischem Rokokogarten im Stil der Zeit um 1750 und einem englischen Landschaftsgarten. Mittendrin der Berger See, der zum Flanieren und Kahnfahren einlädt. Auch hier zeigt sich, wie reizvoll das Ruhrgebiet abseits der Schwerindustrie sein kann.

Schloss Berge
Adenauerallee 103
45894 Gelsenkirchen
www.gelsenkirchen.de
Restaurant: T. 0209 17740,
www.schloss-berge.de

12 Genießen
Gelsenkirchen

Tradition ist alles

An Schalke 04 führt in Gelsenkirchen kein Weg vorbei. Im Vereinslokal Bosch bei der Glückauf-Kampfbahn (Tipp 6) ist vor und nach dem Spiel und während der TV-Übertragung eine Menge los. Aber auch außerhalb der Fußballzeiten eröffnen sich hier Einsichten in das Innenleben der Ruhris. Mal auf dem Stammplatz von Ernst Kuzorra sitzen, Erbsensuppe essen und Pils trinken – datt hat watt.

Vereinslokal Schalke 04 Bosch
Ernst-Kuzorra-Platz 1
45881 Gelsenkirchen
T. 0209 1550067
www.vereinslokal-bosch.de

13 Entdecken
Gelsenkirchen

Aufbruch in die Moderne und Kinetik

Erst 1950 wurde die Sammlung des Kunstmuseums Gelsenkirchen begonnen, die Werke vom 19. Jahrhundert bis hin zu ganz aktuellen Tendenzen enthält. Arbeiten von Max Liebermann, Lovis Corinth, Max Slevogt und Auguste Rodin geben dabei einen Einblick in den Aufbruch zur Moderne. Aber auch Künstler des deutschen Expressionismus wie Ernst Ludwig Kirchner, Max Pechstein, Alexej von Jawlensky, Karl Schmidt-Rottluff oder Karl Hofer sind vertreten. Die Sammlung Kinetischer Kunst ist in Deutschland sogar einzigartig und bietet einen großen Überblick über die Kunstrichtung, deren Ausdrucksform die Bewegung als ein integraler ästhetischer Bestandteil des Kunstobjekts ist.

Kunstmuseum Gelsenkirchen
Horster Straße 5–7
45897 Gelsenkirchen
T. 0209 1694361
www.gelsenkirchen.de
Di–So 11–18 Uhr

14 Erleben
Gelsenkirchen

Bedeutender Renaissancebau

Weit zurück ins 12. Jahrhundert reichen die Anfänge von Schloss Horst. Nach einem Brand 1554 wurde der mittelalterliche Rittersitz zu einem bedeutenden Renaissancebau umgewandelt, bis im 19. Jahrhundert der sumpfige Emschergrund einige Teile einstürzen ließ. Zum Glück handelten die Verantwortlichen im Rathaus, restaurierten und erweiterten den Bau, der heute unter anderem eine historische Druckerwerkstatt beherbergt. Ein Highlight ist natürlich das Museum „Leben und Arbeiten im Zeitalter der Renaissance", das die Besucher auf die echte Schlossbaustelle des Jahres 1565 entführt. Ein Erlebnis- und Erfahrungsort besonderer Güte.

Museum Schloss Horst
Turfstraße 21
45899 Gelsenkirchen
T. 0209 1696163
www.gelsenkirchen.de
Mo–Fr 15–18 Uhr, So 11–18 Uhr

15 Entdecken
Gelsenkirchen

Oase der Ruhe mitten in der Stadt

Wer dem Trubel der Innenstadt entfliehen will, hat es nicht weit. Der Gelsenkirchener Stadtgarten mit seinen ausgedehnten Rasenflächen und dem alten Baumbestand, den vielen unterschiedlichen Büschen und Pflanzen und den liebevoll angelegten Blumenrabatten bietet Entspannung pur. 22 Hektar groß und von vielen Wegen durchzogen ist diese Oase der Ruhe. Und wenn am kleinen See vor dem Maritim-Hotel die hohe Fontäne sprudelt, kommt sogar Kurort-Feeling auf.

Stadtgarten
Am Stadtgarten 1
45879 Gelsenkirchen

16 Entdecken
Gelsenkirchen

Im Lexikon der Weltarchitektur

Gelsenkirchens Rathaus aus dem Jahr 1927 gilt als bedeutendes Bauwerk der Moderne und steht sogar im Lexikon der Weltarchitektur. Mit seiner trutzigen Fassade, die dem Backstein-Expressionismus zugeordnet wird, gehört es zu den Wahrzeichen der Stadt und lässt ahnen, wie reich und mächtig Gelsenkirchen in der Hochphase der Industrialisierung einmal war. Warum das Rathaus den Namen Hans Sachs trägt? Früher beherbergte es einmal einen Konzertsaal, da griff man bei der Namensnennung auf die Meistersinger von Nürnberg zurück.

Hans-Sachs-Haus
Rathaus
Ebertstraße 11
45879 Gelsenkirchen
T. 0209 1690
www.gelsenkirchen.de
Mo–Do 8.30–15.30, Fr 8.30–12.30

17 Genießen
Gelsenkirchen

Trattoria mit Logenplätzen

Graziella und Nino dell'Aquila sollten den Gelsenkirchener Verdienstorden bekommen, denn während der quälend langen Bauphase am Heinrich-König-Platz haben sie selbst die Stellung und ihre Gäste mit guter Kost und freundlichem Service bei Laune gehalten. Jetzt ist alles paletti, wie man hier sagt. Graziella verwöhnt die Gäste in ihrem Eiscafé Graziella nahe dem Hans-Sachs-Haus (→ Tipp 16) mit kühlen Köstlichkeiten und fantastischen Kuchen. Und sie versorgt natürlich auch die Trattoria des Gatten am 200 Meter entfernten Neumarkt, die praktischerweise Graziella II heißt, mit den süßen Spezialitäten, allen voran die Klassiker Apfelmandelkuchen und Eierlikörtorte. Hier sitzt man bei Wein, Pils oder Espresso, schaut auf die vorbeieilenden Leute, genießt die leichte Küche und denkt: „Ist doch viel schöner hier, als viele glauben."

Graziella II
Neumarkt 1
45879 Gelsenkirchen
T. 0209 1489855
Mo–Sa 9–21 Uhr

18 Entdecken
Gelsenkirchen

Neues Leben auf alter Fläche

Die ehemaligen Kumpel ließen nicht nach. Sie kämpften dafür, dass ihre alte Zeche nicht ganz verschwinde, wollten die Bergbautradition erhalten. Auch ihrem Engagement ist zu verdanken, dass 15 Jahre nach der letzten Schicht auf dem 2,7 Hektar großen Gelände der Schachtanlage Consolidation 3/4/9, die alle nur Consol nennen, eine neue Parklandschaft mit vielfältigen Kultur- und Freizeitangeboten entstanden ist. Jetzt kicken auf dem weitläufigen Areal kleine und große Fußballer, Beachvolleyballer baggern und Skater rollen über Hindernisse. Sogar Platz zum Drachensteigen ist genug da. Außerdem gibt es einen bunten Mix aus Wohnen, Gewerbe, Einkaufsmöglichkeiten für den Stadtteil Bismarck und viel Kultur (→ Tipp 19). Ein Tipp für Leute, die sich für den Gestaltwandel alter Zechen interessieren.

Zeche Consol 3/4/9
Bismarckstraße 240
45889 Gelsenkirchen
www.gelsenkirchen.de

19 Erleben
Gelsenkirchen

Kinder- und Jugendtheater und Relikte des Bergbaus

Es gibt viel zu sehen in den alten Hallen auf Consol, dem heutigen „kultur.gebiet CONSOL“. Eine Dauerausstellung im südlichen Maschinenhaus informiert über die Arbeitswelt des Bergbaus und die Geschichte der Zeche. Als echter Blickfang kommt die alte Fördermaschine daher, die an jedem 1. Sonntag im Monat in Betrieb zu erleben ist (13–18 Uhr). Ebenfalls eine Hommage an den Bergbau ist die Sammlung von Werner Thiel im nördlichen Maschinenhaus, dessen Fotos, Zeichnungen und Kunstinstallationen dort ausgestellt sind (Sa–So 12–18 Uhr). Besonders stolz sind die Gelsenkirchener auf das Kinder- und Jugendtheater Consol mit häufig sozialkritischen Inhalten, das sich bundesweit einen Namen gemacht hat.

kultur.gebiet CONSOL
Klarastraße 6
T. 0209 1699100
www.gelsenkirchen.de
Consol Theater Gelsenkirchen
Bismarckstraße 240
45889 Gelsenkirchen
T. 0209 9882282
www.consoltheater.de

20 Genießen
Gelsenkirchen

Trattoria Villa Italia
Im alten Markenhaus des Bergwerks Hugo ist 2005 die „Trattoria Villa Italia“ eingezogen und zelebriert hier weithin anerkannte mediterrane Küche in einer warmen gastlichen Umgebung. Bekannt bis weit über die Stadt der 1000 Feuer hinaus ist auch der Biergarten.
HUGO I. Trattoria Villa Italia
Horster Straße 200
45897 Gelsenkirchen
T. 0209 14898370
www.hugoeins.de
Di–Do 17–23 Uhr, Fr, Sa u. feiertags 12–23.30 Uhr, So 12–22 Uhr

21 Genießen (Pommes-Tipp)
Gelsenkirchen

Sehr viel Schalke-Aroma
Vorab ein guter Rat: Fans von Borussia Dortmund dürften sich im Park Grill eventuell nicht wohlfühlen. Schalke-04-Fanartikel in jeder Ecke, die Veltins-Arena in Sichtweite, das blau-weiße Quellgebiet drängt sich unweigerlich auf. Das hindert Chef Ralf Börsting aber nicht daran, jeden Gast freundschaftlich zu begrüßen und gute Qualität auf den Teller oder ins Schälchen zu bringen. Die Currywurst müsse manchmal nachgewürzt werden, monierten einige Tester. Kein Problem. Dafür kann man bei Heimspielen hautnah mitbekommen, ob in der Arena gerade gejubelt oder aufgestöhnt wird.
Park Grill
Pannhütte 80a
45891 Gelsenkirchen
T. 0209 73614
bei facebook
Tgl. 12–22 Uhr

Urbanes Leben und das Gedächtnis des Bergbaus:

Bochum

1 Erleben
Bochum

Reise in die Tiefe des Alls

Eine Reise zu fremden Sternen, tief ins All hinein ganz komfortabel – wer möchte das nicht mal erleben? Das Zeiss Planetarium bietet dazu die allerbeste Gelegenheit. Von einem der 260 Sessel aus schauen die Besucher nach oben in die Kuppel und sehen einen immer wolkenlosen Himmel mit 9000 Sternen. Dank digitaler Technik erscheinen fremde Welten und ferne Galaxien. Eine Show, in der unser Blick viel weiter ins All geht, als es das menschliche Auge normalerweise vermag.

Zeiss Planetarium Bochum
Castroper Straße 37
44791 Bochum
T. 0234 516060
www.planetarium-bochum.de
Außer montags mehrere Vorstellungen täglich. Bitte auf die Homepage schauen

2 Genießen
Bochum-Wattenscheid

Meisterkoch an der Fritteuse

Die Story kennt inzwischen fast jeder im Ruhrgebiet: Meisterkoch Raimund Ostendorp verzichtet auf die höheren Weihen in der Düsseldorfer Sterneküche „Schiffchen". Er geht lieber zurück an die Basis der Volksernährung im Ruhrgebiet und macht in Bochum-Wattenscheid einen Imbiss auf, den Profi Grill. Seither eint Polit-Promis, Manager, Schauspieler und vor allem Normalsterbliche eines: Sie warten im Profi Grill geduldig, bis sich der Meister ihrer Wünsche annimmt. Kenner loben das Ergebnis in höchsten Tönen. Ostendorp achtet auf jedes Detail und beste Zutaten. Currywurst, Schaschlik und Kurts Frikadellen sind die Klassiker, die Currysauce macht süchtig. Der Chef ist längst auch Medienprofi. Von der FAZ bis zu Feinschmecker-Magazinen waren schon alle da.

Profi Grill
Bochumer Straße 96
44866 Bochum-Wattenscheid
T. 02327 82361
www.profi-grill.de
Tgl. 11–21 Uhr

3 Entdecken Bochum

Hautnahes Zooerlebnis

Putzige Erdmännchen, Kattas und über 4000 weitere Tiere in mehr als 300 Arten leben hier. Bekannt ist der Tierpark für seine Erlebnisanlage „Nordseewelten" mit Seehunden, Watvögeln und Pinguinen. Im Streichelzoo und in der Schaufutterküche kommt man den Tieren besonders nahe. Das Fossilium wiederum zeigt in 55 Vitrinen Funde aus der Solnhofer Erd- und Lebensgeschichte. Der Ort im Altmühltal gilt bekanntlich als Fenster in die urzeitliche Welt vor 150 Millionen Jahren, dem Zeitalter der Dinosaurier.

Tierpark und Fossilium Bochum
Klinikstraße 49
44791 Bochum
T. 0234 950290
www.tierpark-bochum.de
April bis September 9–19 Uhr, Oktober 9–18 Uhr, November bis Februar 9–16.30 Uhr, März 9–18 Uhr

4 Entdecken Bochum

Geprägt von harter Arbeit

Eher wie eine Festung als wie ein Bergwerk mutet die Zeche Hannover an. Das liegt vor allem an der trutzigen Architektur des Malakowturms von anno 1857 mit seiner Dampffördermaschine aus dem Jahr 1893. Hier fuhren die Bergleute in den 750 Meter tiefen Schacht ein, hier kam die Kohle nach oben, bis 1973 auch Bochums Bergbauära endete. Attraktiv für junge Besucher ist die Zeche Knirps, wo der Nachwuchs spielerisch die Abläufe in einem Bergwerk kennenlernen kann. Zur Drucklegung des Buches war Knirps wegen Reparaturarbeiten geschlossen.

LWL-Industriemuseum
Zeche Hannover
Günnigfelder Straße 251
44793 Bochum
T. 0234 61200874
www.zeche-hannover.de

5 Erleben
Bochum

Lieblingsberg der Bochumer

Die Bochumer lieben ihren Tippelsberg. Seine Höhe von etwa 150 Metern über NN (40 Meter über Umgebungsniveau) erlaubt bei klarem Wetter eine Sicht weit über das Ruhrgebiet und bietet daneben beste Möglichkeiten zum Spazieren, Klettern und Radfahren. Wenn der Schnee reicht, schlagen hier auch die Rodlerherzen höher. Sehenswert ist der Gipfelplatz des Berges mit seinem liegenden Gipfelkreuz.

Tippelsberg
Tippelsberger/Hiltroper Straße
www.tippelsberg.de

6 Genießen
Bochum

Bekannteste Kneipenmeile weit und breit

Das urbane Stadt- und Nachtlebenquartier Bochums wird von vier Millionen Gästen im Jahr besucht und gehört zu den bekanntesten Kneipenmeilen Deutschlands. Auf knapp zwei Quadratkilometern laden hier 60 Kneipen und Restaurants ein, in denen 7000 Gäste Platz finden – vom Edel-Italiener bis zur Pommesbude. Und im Sommer entwickelt sich das Bermuda-Dreieck mit über 3000 Außenplätzen zu einem riesigen Biergarten. Die locker-lässige Atmosphäre, die man der Universitätsstadt Bochum zuschreibt, wird hier besonders spürbar. Und der nahe Hauptbahnhof macht es den Besuchern leicht, auch zu nächtlicher Stunde noch wegzukommen. Übrigens: Spurlos verschwunden ist im Bermuda-Dreieck noch keiner. Zu einzelnen Locations → Tipps 7, 22 und 23.

Bermuda-Dreieck
Konrad-Adenauer-Platz
44787 Bochum
www.bermuda3eck.de

7 Genießen
Bochum

Keimzelle des Bermuda-Dreiecks

Hier fing alles an: 1977 machte das Mandragora am Konrad-Adenauer-Platz auf und sorgte gleich für Schlagzeilen, denn im Biergarten wurden Essen und Getränke auf Rollschuhen serviert. Plötzlich wehte ein frischer Wind durch die graue Industriestadt. Studenten und Besucher kamen zuhauf, andere Gastronomen zogen nach und so wurde das Bermuda Dreieck berühmt. Das Mandragora mit großem Biergarten und Livemusik bis in die Nacht hat bis heute nichts an Popularität eingebüßt. Bekannte Größen traten hier auf, bevor sie berühmt wurden. Wie viele andere Lokale hatte das Mandragora wegen der Corona-Krise zwischenzeitig geschlossen und plant den Neustart.

Mandragora
Konrad-Adenauer-Platz 1
44787 Bochum
T. 0234 64218
www.mandragora-bochum.de
Mo–Do 11–1 Uhr, Fr 11–4 Uhr,
Sa 10–4 Uhr, So 10–1 Uhr

8 Genießen
Bochum

Keimzelle der Currywurst

Die leckeren Würste der alteingesessenen Fleischerei Dönninghaus, die schon Herbert Grönemeyer besang, gibt es inzwischen an vielen Ecken in Bochum. Wer es besonders authentisch mag, sollte nahe an der Quelle im Bermuda-Dreieck bleiben. Im Bratwursthaus kann man bis Mitternacht zubeißen und auf Wunsch nachschärfen lassen.

Bratwursthaus
Kortumstraße 18
44787 Bochum
T. 0234 92788433
www.bratwursthaus.com
offen bis 0 Uhr

9 Entdecken
Bochum

Berühmt durch den Sputnik

Die große Stunde der Sternwarte schlug 1959, als die Bochumer die Ersten waren, die das Piepsen von Sputnik 1 hörten, dem ersten künstlichen Erdsatelliten. Fortan spielte die nach ihrem Gründer Heinz Kaminski gern „Kap Kaminski" genannte Sternwarte im Kalten Krieg eine Rolle als hochsensibles Ohr im All. Heute noch werden Im Radom, einer 40 Meter hohen Traglufttkuppel, die als Wetterschutz für die 20-Meter-Parabolantenne dient, aktuelle Raumfahrtprojekte für die NASA empfangen. Im Ausstellungsbereich des Radoms werden Weltraum- und Umweltforschung erlebbar. Unter dem Motto „Die Erde im Visier" sind großformatige Satellitenbilder, zahlreiche Exponate und interaktive Stationen zu finden, die aufzeigen, wie sich die Erforschung der Erde mit Hilfe der Raumfahrttechnik seit 1957 entwickelt hat.

Sternwarte Bochum
Blankensteiner Straße 200a
44797 Bochum
T. 0234 47711
www.die-erde-im-visier.de
Di–Do 11–16 Uhr, Fr 11–14 Uhr,
So April bis Oktober 11–17 Uhr,
So November bis März 11–16 Uhr

10 Genießen
Bochum

Wunderschönes Café am Schauspielhaus

Nicht weit vom Schauspielhaus Bochum (→ Tipp 11) liegt das charmante Café, das die Schwestern Katrin und Nina Oberheitmann seit einigen Jahren betreiben. Verlockende selbstgemachte Kuchen, Tartes und Törtchen und die im Stil der 1960er- und 1970er-Jahre bunt zusammengewürfelte Einrichtung machen es schwer, diesen Ort wieder zu verlassen. Fräulein Coffea verbreitet Metropolenflair, zum Glück im Ruhrgebiet und nicht in Berlin oder Hamburg.

Fräulein Coffea
Oskar-Hoffmann-Straße 34
44789 Bochum
T. 0234 544 40228
Instagram: @fraeulein.coffea

11 Erleben
Bochum

Eine der renommiertesten Bühnen Deutschlands

Theatermacher wie Hans Schalla, Peter Zadek, Claus Peymann, Frank-Patrick Steckel, Leander Haußmann oder Matthias Hartmann prägten über Jahrzehnte Bochums Ruf als eine der wichtigsten Spielstätten Deutschlands. Wer das Schauspielhaus Bochum besucht, erlebt nicht nur ein herausragendes Ensemble und die Arbeit prominenter Regisseure, sondern auch die denkmalgeschützte 1950er-Jahre-Architektur. Ein Muss für Theaterfreunde.

Schauspielhaus Bochum
Königsallee 15
44789 Bochum
T. 0234 33335555
www.schauspielhausbochum.de

12 Entdecken
Bochum

Telefontechnik von anno tobak

Unser Dank sollte den ehemaligen Telekom-Technikern gelten, die 1996 den Förderverein Telekom-Historik e.V. gründeten. Es ging ihnen darum, ihre Sammlung alter Apparate und ihre Begeisterung für die Fernmeldetechnik aus früheren Zeiten mit anderen zu teilen. Neben Telefonapparaten aus vielen Jahrzehnten und Fernschreibern steht eine funktionsfähige Vermittlungsstelle im Mittelpunkt, die schon 1922 in Betrieb genommen wurde. Auch über die Entwicklung des Mobilfunks wird informiert. Der Eintritt ist frei.
Info für die Smartphone-Generation: Damals steckte man den Finger tatsächlich noch in eine Drehscheibe.

Telefon-Museum
Karl-Lange-Straße 23
44791 Bochum
T. 0234 516601970
www.telekom-historik.de
Di 10–16 Uhr oder nach Vereinbarung

13 Erleben
Bochum

Hier ist man Mensch ...

Beliebter Park und Spielplatz für Große und Kleine in der Nähe des Tierparks (→ Tipp 3). Grillen ist erlaubt und Hunde dürfen von der Leine. Achtet auf die Wurst! Scherz beiseite. Wer Einblicke ins alltägliche Bochumer Freizeitleben sucht, findet sie hier.

Schmechtingwiese
Agnesstraße/Wielandstraße
44791 Bochum

14 **Erleben**
Bochum

Das Erbe des Bergbaus

Das Erfolgsgeheimnis des Deutschen Bergbau-Museums (DBM) liegt 17 bis 22 Meter unter der Erde und verfügt über ein Streckennetz von fast drei Kilometern: Im Anschauungsbergwerk, schon 1936 angelegt, erfährt der Besucher hautnah, wie hart die Arbeit damals war. Auch Originalmaschinen wie der Kettenschrämlader oder der Kohlehobel kommen zum Einsatz. Um den Eindruck perfekt zu machen, steht seit 2014 sogar ein Seilfahrt-Simulator zur Verfügung. Ruckelnd und krachend geht es zum Förderort. Der Besuch im weltgrößten Bergbau-Museum gehört wirklich zum Pflichtprogramm eines Bochum-Trips. Nirgendwo geht es realistischer zu. Sehenswert ist auch die Dauerausstellung, die über die Entstehung und Gewinnung von Bodenschätzen informiert. Es geht aber auch in die Höhe: Vom 71 Meter hohen Fördergerüst der ehemaligen Dortmunder Zeche Germania aus hat man einen tollen Blick auf Bochum. Das DBM hat unter anderem die Aufgabe, das Erbe des Bergbaus im Ruhrgebiet zu bewahren. Auftrag erfüllt. Wer sich nach dem Besuch stärken möchte, geht zum Bergbau-Grill gegenüber (Tipp 25).

Deutsches Bergbau-Museum
Am Bergbaumuseum 28
44791 Bochum
T. 0234 5877126
www.bergbaumuseum.de
Di–Fr 8.30–17 Uhr, Sa–So 10–17 Uhr

15 Genießen
Bochum

Kaffeegenuss vom Feinsten

Schon der Duft ist köstlich. Im hippen Café röst.art gibt es nicht nur exklusive Kaffeesorten aus aller Welt und beste Kuchen, hier werden die edlen Bohnen auch noch selbst geröstet. Viele Sorten aus fast allen Anbauländern der Welt stehen zur Auswahl. In gemütlicher Atmosphäre wird hier über Kaffee und vieles mehr geplaudert. Es ist sogar möglich, beim Rösten zuzuschauen, natürlich nur nach Anmeldung.

röst.art
Grabenstraße 1–3
44787 Bochum
0176 20836633
www.roestart.de
Mo–Fr 10–19 Uhr, Sa 10–17 Uhr

16 Entdecken
Bochum

Wunderbare Pflanzenvielfalt

Einen wunderbaren Kontrast zur Betonlandschaft der Hochschule bietet der Botanische Garten am Südhang der Uni Bochum, kurz BoGa genannt. Auf der 13 000 Quadratmeter großen Anlage entfaltet sich eine grandiose Pflanzenvielfalt aus fast allen Regionen der Erde. Pflanzen aus den Regenwäldern Asiens und Afrikas gedeihen prächtig in den weitläufigen Gewächshäusern, ebenso wie Wüstenpflanzen, die Wasser speichern können. Ein Lieblingsort vieler Besucher ist der 1000 Quadratmeter große Chinesische Garten mit seinen künstlichen Teichen, geschwungenen Pfaden und kleinen Pavillons, der die Sehnsucht nach Ruhe und Kontemplation stillt.

Botanischer Garten der Ruhr Universität
Universitätsstraße 150
44780 Bochum
T. 0234 3223098
www.boga.ruhr-uni-bochum.de
April bis Oktober 9–18 Uhr, November bis März 9–16 Uhr
Gewächshäuser 9–17 Uhr, im Winter 9–15.30 Uhr

17 Erleben
Bochum

Ikone der Industriekultur

Diese Ikone der Industriekultur gehört zu spektakulärsten Spielorten der Ruhrtriennale, des wichtigsten Kulturfestivals in Nordrhein-Westfalen und ist zugleich ein Wahrzeichen des Strukturwandels. Aus der 1902 errichteten ehemaligen Gaskraftzentrale des Bochumer Vereins für Bergbau und Gussstahl ist ein Kulturkraftwerk von internationalem Rang geworden. Die Industriearchitektur der Jahrhundertwende trifft auf Kunst, die Moderne auf Tradition. Konzerte, Theater, Shows und Installationen erhalten durch das von alter Technik geprägte Ambiente ihren besonderen Reiz. Führungen durch die Jahrhunderthalle sind nach Anmeldung möglich. Dies gilt auch für die beliebte Stirnlampenführung durch die Unterwelten der Halle.

Jahrhunderthalle Bochum

An der Jahrhunderthalle 1
44793 Bochum
T. 0234 963020 (Vorverkauf, Bochum Tourismus)
T. 0234 3693100 (Stirnlampenführung)
www.jahrhunderthalle-bochum.de
www.bochum-tourismus.de

18 Erleben
Bochum

Erholung rund um die Jahrhunderthalle

Viele Jahre lag das Gelände rings um die Jahrhunderthalle brach, seit 1999 lädt sie als Westpark mit gut ausgebauten Radwegen, großen Wiesen, Spielplätzen und Relikten der Industriekultur zur Erholung ein. Drei Brücken ermöglichen einen Rundweg um den ganzen Park und eine schöne Fernsicht über das Bochumer Stadtgebiet.

Westpark
An der Jahrhunderthalle
44793 Bochum
www.bochum-tourismus.de

19 Entdecken
Bochum-Dahlhausen

Lieblingsort der Dampfnostalgiker

Tief im Bochumer Südwesten liegt eines der populärsten Museen des Reviers. Mehr als 120 historische Eisenbahnfahrzeuge gibt es im Eisenbahnmuseum in Bochum-Dahlhausen zu bewundern. Darunter Dampfloks vieler Baureihen, Waggons und Signaltechnik. Sie alle konnten vor der Verschrottung bewahrt werden

und locken nun Eisenbahnfans aus der ganzen Welt an. Ein Highlight des ehemaligen Bahnbetriebswerks ist die 20-Meter-Drehscheibe, mit deren Hilfe die Loks umgesetzt werden. Viele Blicke zieht natürlich ein Salonwagen des legendären Orient-Express auf sich, der einst Konstantinopel (so hieß Istanbul vor 1930) und Paris verband. Die berührende Kriegsheimkehrerszene aus „Das Wunder von Bern" wurde übrigens hier gedreht.

Eisenbahnmuseum Bochum
Dr.-C.-Otto-Straße 191
44879 Bochum
T. 0234 492516
www.eisenbahnmuseum-bochum.de
1. März bis 18. November Di–Fr und So 10–17 Uhr

20 Erleben
Bochum

Der jüngste Ruhrstausee

Ein wunderschönes Stück Natur hat sich am Kemnader See entwickelt, dem jüngsten der sechs Ruhrstauseen. Er ist erst zwischen 1976 und 1979 entstanden. Für die Bochumer, Hattinger und Wittener, an deren Grenzen der drei Kilometer lange See liegt, ist der See ein wahres Freizeit- und Erholungsparadies, natürlich auch für viele Gäste von außerhalb. Zwei Wanderwege führen um den Stausee, 10 und 8,3 Kilometer lang. Hunger und Durst muss niemand erleiden. Cafés, Biergärten und Restaurants gibt es genug.

Kemnader See
Parken u. a. am Freizeitbad Heveney
Querenburger Straße 35
58455 Witten
T. 0234 963020 (Bochum Tourismus)
www.bochum-tourismus.de

21 Erleben Bochum

Das rasanteste Musical überhaupt

Es gibt Leute, die kriegen von der jungen Dampflok Rusty und den anderen Lokomotiven einfach nicht genug und waren schon zigmal im Starlight Express, dem Erfolgsmusical von Andrew Lloyd Webber. Die rasante Show auf Rollschuhen mit den weltbekannten Liedern gehört seit 1988 zu den Highlights der Ruhrgebietsszene. 16 Millionen Menschen haben sich bislang von der Hochgeschwindigkeits-Performance verzaubern lassen. Dank einer Technik, die sich immer weiterentwickelt, birgt das rasanteste Musical der Welt – das behaupten die Macher – auch nach 30 Jahren immer noch Überraschungen.

Starlight Express
Stadionring 24
44791 Bochum
T. 0234 506020
www.starlight-express.de

22 Erleben Bochum

Abtanzen im Bermuda-Dreieck

1994 startete die legendäre Veranstaltungshalle als „Kleinkunstbühne mit Galerie und Getränkeausschank" wuchs zu einer Kulturstätte im Bermuda-Dreieck (→ Tipp 6), die ihresgleichen sucht. Partypeople und Tanzwütige, Dichter und Denker, Rocker und Hardcore-Fans, Salsa- und Latinotänzer, Bands und Einzelmusiker, Vorleser und Zuhörer zieht es ins riff. Zum Ritual gehören an jedem Mittwoch ab 20 Uhr die New York Nights mit der unverwüstlichen Pamela Falcon. Freitags und samstags steigt ab 23 Uhr die Party und sonntags gehört die Bühne zeitweilig den Poetry-Slammern.

riff – die Bermudahalle
Konrad-Adenauer-Platz 3
44787 Bochum
T. 0234 6404626
www.riff-bochum.de

23 Genießen
Bochum

Cava, Tapas und Cerveza

Schwer angesagte Tapas-Bar im Bermuda-Dreieck (Tipp 6), sehr stylisch eingerichtet und mit offener Küche. Wer Cava liebt, den spanischen Schaumwein, hat hier eine große Auswahl. Die Tapas bekommen gute Noten. Spanische Momente in der Stadt mit dem Pulsschlag aus Stahl, wie Grönemeyer einst sang.

Badalona Bar
Brüderstraße 2
44787 Bochum
T. 0234 54499628
www.badalonabar.de
Mo–Sa ab 17 Uhr

24 Erleben
Bochum

Der erste Feierabendmarkt in NRW

Der erste Feierabendmarkt in Nordrhein-Westfalen war von Beginn an eine Erfolgsstory. Berufstätige, die zu den üblichen Zeiten keine Chance zum Markteinkauf haben, nutzen seither begeistert die Chance, sich jeden Freitag ab 16 Uhr hier zu versorgen. Shoppen, Schlemmen und ein Schwätzchen – unter diesem Motto treffen sich hunderte Besucher, genießen die entspannte Atmosphäre und probieren die kleinen Köstlichkeiten, die an den Marktständen nebenher angeboten werden. Markt einmal ganz anders, aber besonders gut.

Moltkemarkt
Springerplatz 1
44793 Bochum
Fr ab 16 Uhr
www.bochum-tourismus.de

25 Genießen (Pommes-Tipp)
Bochum

Nicht nur Currywurst, sondern auch Forellen

Der Bergbau-Grill kann gar nicht anders heißen, schließlich residiert gleich gegenüber das Deutsche Bergbau Museum (Tipp 14), von dessen Ruhm auch der Grill profitiert. So eine Schicht im Anschauungsbergwerk macht schließlich hungrig und der Grill mit dem Leuchtschild wirkt besonders authentisch, weshalb hier auch gern gefilmt wird. Annegret und Klaus-Dieter Nebelung halten neben dem üblichen Angebot – CPM, Schaschlik et cetera – noch geräucherte Forellen bereit, die der Chef selbst gefischt hat. Wer viel arbeitet, benötigt eben einen Ausgleich.

Bergbau-Grill
Herner Straße 42
44787 Bochum
T. 0234 512483
Mo–Fr 11–20 Uhr

Der Osten:

Dortmund, Unna und Hamm

1 **Genießen**
Dortmund

Unterkühlte Leidenschaft

Andere krönen der Tag an der Uni mit einem Eis. Philip Stasinski und Shahab Nouri machten nach dem Studium eine Geschäftsidee daraus und eröffneten ihre „Hitzefrei Eiskreationen" im Kreuzviertel. Stylisch eingerichtet und schon als Hipster-Eisdiele deklariert, fand sie schnell ein Publikum, dem es vor allem auf die gute Eisqualität ankommt: aus natürlichen Zutaten, ohne künstliche Aromen und Zusatzstoffe. Bei diversen Schleck-Rankings in Dortmund liegt „Hitzefrei" immer weit vorn.

Hitzefrei Eiskreationen
Neuer Graben 67
44139 Dortmund
T. 0231 13380465
www.hitzefrei.info
In der Saison Mo–So 13–19 Uhr

2 **Genießen**
Dortmund

Immer auf Ballhöhe mit dem BVB

Auf dem Platz unter den alten Kastanien im Dortmunder Westpark ist immer Betrieb: Mittags kommen Familien hierher, die Kinder spielen im Sandkasten. Abends zieht es die Szenegänger aus dem nahen Kreuzviertel in das Café mit dem großen Biergarten. Und wenn die Borussia antritt, weicht kaum ein Blick von der großen Videoleinwand ab, auf der jedes Spiel direkt übertragen wird. Erdmann ist eine kleine Institution in Dortmund und steht für eine entspannte, lockere Atmosphäre – außerhalb der Fußballspiele natürlich.

Café Erdmann
Rittershausstraße 40
44137 Dortmund
T. 0231 160078
www.cafe-erdmann-dortmund.de
Tgl. 11–1 Uhr, Fr und Sa Ende offen

3 **Entdecken**
Dortmund

Das Schloss der Arbeit

Eine Zeche mit prunkvollen Backsteinfassaden und opulenten Giebeln samt Zwiebeltürmchen. Eine Maschinenhalle (Foto) mit Jugendstilportal, das man eher im Paris der Jahrhundertwende vermuten könnte. Als dies findet sich in der Zeche Zollern, die mehr einem Adelssitz als einem Bergwerk gleicht und deshalb gern „Schloss der Arbeit" genannt wird. Erst 1981 wurde sie vom Landschaftsverband Westfalen-Lippe (LWL) restauriert und zum Museum ausgebaut. Die Dauerausstellung macht allerdings deutlich, dass die Lebens- und Arbeitsbedingungen damals trotz aller Türmchen und Kränzchen knochenhart waren.

LWL-Industriemuseum
Zeche Zollern
Grubenweg 5
44388 Dortmund
T. 0231 6961111
www.zeche-zollern.de
Di–So 10–18 Uhr

4 **Erleben**
Dortmund

Die tägliche Arbeit und ihre Gefahren

„Arbeitswelt und Arbeitsschutz" lautet das Thema der Ausstellung. Was ziemlich langweilig klingt ist von der Bundesanstalt für Arbeitsschutz und Arbeitsmedizin derartig spannend aufbereitet und umgesetzt worden, dass es Jahr für Jahr gut 180 000 Besucher hierhin zieht. So heißt eine Einheit „Schuften in Schichten" und zeigt den harten Alltag der Stahlkocher. Im Lärmtunnel wird der Besucher mit Geräuschen malträtiert und versteht, wie belastend Lärm für Körper und Psyche ist. Die Jobs von Piloten und Fluglotsen werden demonstriert, per Knopfdruck bewegt sich ein Industrieroboter und vieles mehr. Beliebt ist vor allem die DASA-Erlebnisbahn, die einer Geisterbahn gleicht. Im vergitterten Wagen geht es vorbei an kippenden Regalen, durch – natürlich nur zum Schein – giftige Dämpfe und über Stolperfallen. Ein nervenkitzelnder Anschauungsunterricht in Sachen Arbeitsschutz.

DASA-Arbeitswelt Ausstellung
Friedrich-Henkel-Weg 1–25
44149 Dortmund
T. 0231 90712479
www.dasa-dortmund.de
Mo–Fr 9–17 Uhr, Sa–So 10–18 Uhr

5 **Genießen**
Dortmund

3000 Rosensorten und Drehrestaurant

Einer der schönsten Parks im Lande und nicht ohne Grund schon dreimal Standort der Bundesgartenschau. Blickfang ist natürlich der 209 Meter hohe Fernsehturm Florian, der seinerzeit das erste Drehrestaurant der Welt vorweisen konnte. Schon die Fahrt im Express-Aufzug ist ein Erlebnis, ebenso der Blick von dort oben. 70 Hektar groß ist der Park und mit seinen zahlreichen Spielmöglichkeiten gut für Familienausflüge geeignet. Das berühmte Rosarium mit über 3000 Rosensorten und verschiedene Themengärten machen den Besuch auf jeden Fall lohnenswert.

Westfalenpark mit Florian
An der Buschmühle 3
44139 Dortmund
T. 0231 5026100
www.dortmund.de
Eingang Ruhrallee tgl. 10–18 Uhr
Eingang Florianstraße tgl. 9–23 Uhr
Öffnungszeiten Turm siehe Homepage

6 **Entdecken**
Dortmund

Kein Schloss am Wörthersee

Kaum jemand kam auf den Gedanken, dass der 1991 verstorbene Roy Black eine innige Verbindung zu Dortmund hatte. Im Haus von Irmgard und Friedhelm Tiemann im Süden der Stadt fand der umschwärmte Schlagerstar der 1970er- und 1980er-Jahre über Jahrzehnte einen Rückzugsort vom Rummel um seine Person – und Freunde, auf die er zählen konnte. In Erinnerung an Roy Black haben die Tiemanns die 110 Quadratmeter große Dachwohnung unverändert gelassen und ein privates Museum daraus gemacht. Ein umfangreiches Archiv mit Veröffentlichungen, Goldene Schallplatten, Bücher, Fotos und Kleidungsstücke lassen ahnen, was Roy Black, der mit bürgerlichem Namen Gerhard Höllerich hieß, bewegt hat und wie er gelebt hat.

Roy-Black-Archiv-Museum
Maulwurfsweg 45
44267 Dortmund
T. 0231 484046
www.roy-black-archiv.de
Nach telef. Vereinbarung, Eintritt frei

7 **Erleben**
Dortmund

Vom Maloche-Ort zum Wassersport

Vom alten Stahlwerk zum künstlich angelegten See, an dessen Ufern ein angesagtes Wohnviertel mit üppiger Gastronomielandschaft entstanden ist – das ist schon kein Strukturwandel mehr, sondern Metamorphose. Durch die Flutung des ehemaligen Areals der Hermannshütte ist eine 1300 Meter lange und 300 Meter breite Wasserfläche entstanden, die an Freizeit- und Wohnwert kaum zu übertreffen ist. Kein Wunder, dass manche Borussen-Profis gern hier wohnen. Wassersportler kommen auf ihre Kosten, Spaziergänger sowieso. Cafés und Restaurants gibt es genug. Vom Kaiserberg, einem künstlichen Hügel im Osten des Sees, hat man einen fantastischen Blick, der bei Sonnenuntergang besonders stimmungsvoll ist.

Phönixsee

Anfahrt Faßstraße 1
44263 Dortmund
www.phoenix-see.de

8 Entdecken
Dortmund

In luftiger Höhe durch ein altes Hüttenwerk

99 Stufen müssen erklommen werden, dann führt der Weg in 26 Metern Höhe durch das Innenleben des alten Hüttenwerks Phoenix West, vorbei an alten Rohren, rostigen Aggregaten, treppauf, treppab. Höhepunkt ist der Aufstieg auf einen Hochofen. In 65 Metern Höhe hat man einen atemberaubenden Blick auf die bizarre Industrielandschaft ringsum. Der Skywalk ist wohl der spektakulärste Spaziergang durch ein altes Hüttenwerk, in dem bei 2000 Grad das Erz geschmolzen wurde. Ein Erlebnis. Aus Sicherheitsgründen ist der Zugang nur in Gruppen und mit Führer möglich.

Skywalk
Start: Am Hüttenmann auf dem Phoenix-Platz, Konrad-Zuse-Straße, Ecke Hochofenstraße
44263 Dortmund
Buchung: Dortmund Tourismus: Max-von-der-Grün-Platz 5–6
44137 Dortmund
T. 0231 18999444
www.dortmund-tourismus.de

9 Genießen
Dortmund

Mediterranes und Südamerikanisches

Der portugiesische Küchenchef hört auf den klangvollen Namen Valter Hugo Fernandes Pereira, hat schon in Spanien, Brasilien und Großbritannien gearbeitet, bevor er sich 2012 in Dortmund-Herdecke niederließ. Wer die mediterrane Küche liebt und auch südamerikanische Akzente mag, ist hier bestens aufgehoben. Die Gäste sind des Lobes voll. Zu ihnen gehörte auch Erfolgstrainer Jürgen Klopp, der in Liverpool mit Sicherheit die Tapas von Senor Valter vermissen wird.

Casa Iberica
Am Ossenbrink 55
44227 Dortmund
T. 0231 97979919
www.restaurant-casa-iberica.de
Mo–Fr 16–23 Uhr, Sa–So 12–23 Uhr

10 Erleben
Dortmund-Huckarde

Faszinierende Schwerindustrie

Bis 1992 glühten hier noch die Koksöfen, täglich wurden tausende Tonnen Koks und Kokereigas für die umliegenden Hüttenwerke produziert. Die Kohle kam von den Dortmunder Zechen. Heute gibt die 1928 erbaute Kokerei Hansa faszinierende Eindrücke von der Schwerindustrie des letzten Jahrhunderts wieder: die imposanten Koksbatterien, Türme, wuchtige Aggregate und die Maschinenhalle mit fünf riesigen Kompressoren, von denen einer bei Führungen angeworfen wird. Dazwischen: viel Grün. Auch auf Hansa ist die Natur dabei, sich verlorenes Terrain zurückzuerobern.

Kokerei Hansa
Emscherallee 11
44369 Dortmund
T. 0231 93 11 22 33
www.industriedenkmal-stiftung.de
April bis Oktober 10–18 Uhr, November bis März 10–16 Uhr

11 Genießen
Dortmund

Burgerlich, diese Küche

Best burger in town – damit wirbt wohl jede der vielen Burger-Bratereien, die es inzwischen in allen Großstädten gibt. Food Brother kommt in Bewertungen gut weg und erhält besonders viel Lob für seine vegetarischen Burger. Die Preisliste beginnt bei sieben Euro für die Normalos und bei sechs Euro für die Veggies.

Food Brother Chapter 1
Gerberstraße 1
44135 Dortmund
T. 0231 95095526
www.foodbrother.com
Mo–Do 11.30–23 Uhr, Fr–Sa 11.30–1 Uhr, So 13–22 Uhr

12 Genießen
Dortmund

Viel mehr als Grünkern und Sojaschnitzel

Angesagtes Restaurant für Veganer und Vegetarier, die hier ein vielfältiges Angebot vorfinden. Die Bewertungen sind voll des Lobes. Im Ableger des bekannten Kartoffel-Lords fällt Fleischessern der Verzicht mit Blick auf die schmackhaften Alternativen mit Sicherheit leicht.

The Lord
Gerberstraße 1
44135 Dortmund
T. 0231 572049
Tgl. 11–20 Uhr

13 Erleben
Dortmund

Im Zeitraffer von der Antike zur Moderne

Genau genommen laden hier mehrere Museen unter einem Dach zu einer Zeitreise von der Antike bis zum modernen Design ein. Die Kunst des Mittelalters wird abgebildet, ebenso der Einfluss der Industrialisierung, die Dortmunder Stadtgeschichte, aber auch das bäuerliche Westfalen. Möbel, Gemälde und Kunsthandwerk geben Aufschluss darüber, wie die Menschen verschiedener Schichten in der jeweiligen Zeit lebten. Glanzstücke der Sammlung sind der Goldschatz spätrömischer Fundmünzen, das romanische Triumphkreuz und die gotischen Madonnen des Konrad von Soest. Im ehemaligen Gebäude der Stadtsparkasse, architektonisch von Bedeutung, hat das älteste Museum seiner Art im Ruhrgebiet einen angemessenen Platz gefunden.

Museum für Kunst und Kulturgeschichte
Hansastraße 3
44137 Dortmund
T. 0231 5025525
www.mkk.dortmund.de
Di–Mi und Fr–So 10–17 Uhr,
Do 10–20 Uhr, Sa 12–17 Uhr

14 Entdecken
Dortmund

Toller Ausblick nicht nur für Rittersleut

Jeder Ruhrgebietler, der was auf sich hält, muss einmal im Leben hier gewesen sein. Zwischen Dortmund und Hagen, strategisch bestens gelegen, weil hoch über dem Ruhrtal, thront die Hohensyburg – genauer gesagt, ihre Ruine. Eine Befestigungsanlage bestand schon zu vorrömischer Zeit, im Jahr 775 wurde die Burg erstmals urkundlich erwähnt, um 1150 wurde sie dann aus Ruhrsandstein erbaut. Mit etwas Fantasie kann sich der Besucher in ein mittelalterliches Ritterszenario denken. Oder einfach den herrlichen Ausblick genießen, der die Hohensyburg zu einem begehrten Ausflugsziel macht.

Hohensyburg
Hohensyburgstraße
44265 Dortmund
www.dortmund-tourismus.de

15 Genießen
Dortmund

Deutschlands schönstes Spielcasino

Wenn es mit dem Spielglück beim Roulette, Black Jack oder an den Slot Machines nicht funktionieren sollte, kann sich der Besucher zumindest über die gelungene Form und die edle Einrichtung des Casinos erfreuen. Die wohl schönste Spielbank Deutschlands, von Grün umgeben, mit Blick aufs Ruhrtal und in der Nähe der mittelalterlichen Hohensyburg gelegen, erfreut zudem durch eine angesehene Gastronomie.

Spielbank Hohensyburg
Hohensyburgstraße 200
44265 Dortmund
T. 0231 77400
www.westspiel.de
So–Do 11–3 Uhr, Fr–Sa 11–4 Uhr

16 Erleben
Dortmund

Führerlos durch die Stadt

Am Flughafen heißt sie Skytrain. Aber die Dortmunder reden viel lieber von der Hängebahn, die bereits seit 1984 im Stadtteil Eichlinghofen im Bereich der Technischen Universität verläuft und mit ihren zwei Linien inzwischen etwa 8000 Fahrgäste pro Tag befördert. Damals eine Pionierleistung. Führerlos und vollautomatisch surrt die auf Stelzen verkehrende Großkabinenbahn mit bis zu 50 km/h über die 3,162 Kilometer lange Fahrstrecke. Der Einzelfahrschein kostet 85 Cent und ist zwei Stunden nach Entwertung für beliebig viele Fahrten gültig. Eine Frage bleibt dabei offen: Warum buddelt man teure U-Bahn-Tunnel, wo doch die H-Bahn auf kurzen Strecken eine gute Alternative darstellt?

H-Bahn
Emil-Figge-Straße 71d
44227 Dortmund
T. 0231 75755
www.h-bahn.info

17 Entdecken
Dortmund

Wallfahrtsort für Borussia-Fans

Karten für die Heimspiele der Borussia sind schwer zu bekommen. Doch es bleibt ja noch der Besuch im Borusseum, einem Wallfahrtsort für die vielen Fans der Schwarz-Gelben. In der nordöstlichen Ecke des Signal Iduna Parks wird auf 950 Quadratmetern an sechs Stationen die Vereinsgeschichte lebendig, angefangen vom nachgebauten Gründungslokal „Zum Wildschütz" bis hin zu den großen internationalen Erfolgen. Der Champions-League-Pokal aus dem Jahr 1997 gehört natürlich dazu.

Borusseum
Strobelallee 50
44139 Dortmund
T. 0231 90201368
www.borusseum.de
Mo–Fr 10–18 Uhr, Sa–So 9.30–18 Uhr,
Bei Heimspielen bis 30 Minuten vor Anpfiff geöffnet

18 Erleben
Dortmund

Besonders angesagt

Vieles erinnert an die Berliner Szeneviertel: die liebevoll sanierten Jugendstilhäuser, die zahlreichen Kneipen und Cafés, viel Grün und urbanes Leben pur. Kein Wunder, dass Dortmunds Kreuzviertel zu den begehrtesten Wohngegenden der Stadt gehört, was auch an den Mieten ablesbar ist. Einheimische und Besucher gleichermaßen lieben die schwer angesagte Ausgehzone zwischen Lindemannstraße und Hohe Straße mit ihrer gastronomischen Vielfalt. Ein weiterer Vorzug ist die Nähe zum Hauptbahnhof.

Kreuzviertel
Kreuzstraße
44139 Dortmund

19 **Entdecken**
Dortmund

Rahn müsste schießen

... und Rahn schießt. Das vom Krieg geschundene Land ist plötzlich wieder wer. Der WM-Ball von 1954 ist vermutlich das am häufigsten fotografierte Stück Leder in Deutschland. Zu bewundern im Deutschen Fußballmuseum, das 2015 eröffnet wurde und über 140 Jahre deutsche Fußballgeschichte fantastisch dokumentiert. Originale Film- und Tondokumente, Fotos, Trikots, Pokale, Urkunden – natürlich mit den dazugehörigen Stories – perfekt präsentiert mit allem, was Multimedia hergibt. Unvergessene Spielszenen, Gänsehautmomente. Das Sommermärchen. Aber auch die dunklen Seiten werden nicht ausgeblendet. Das zentrale Gedächtnis des deutschen Fußballs liegt ganz in der Nähe des Hauptbahnhofs. Wer Fußball liebt und nicht hingeht, verpasst etwas.

Deutsches Fußballmuseum
Platz der Deutschen Einheit 1,
Navi: Bahnhofstraße
44137 Dortmund
T. 0231 22221954 (Tickets)
www.fussballmuseum.de
Di–So 10–18 Uhr

20 **Genießen**
Dortmund

Westfälische Küche und Kevin Großkreutz

Kultfußballer Kevin Großkreutz, einer der Weltmeister von 2014, hat sich mit dem Gastwirt Christopher Reinecke zusammengetan und das Kneipenrestaurant „Mit Schmackes" eröffnet. Industriedesign trifft auf westfälische, gutbürgerliche Küche, das Ganze wird verfeinert mit hoher Fußball-Affinität. Und siehe da, die Mischung schmeckt der stetig anwachsenden Gästeschar. Fazit: Kevin ist steil gegangen und hat eingenetzt.

Mit Schmackes
Hohe Straße 61 a
44139 Dortmund
T. 0231 95097095
www.schmackes-dortmund.de
Mo–Do 11–23 Uhr, Fr–Sa 11–Ende offen,
So 12–23 Uhr

21 Erleben
Dortmund

Ausflug in die Botanik

Nicht nur die Dortmunder lieben den 65 Hektar großen Rombergpark mit seinen botanischen Besonderheiten wie den chinesischen Taschentuchbäumen. 1822 nach dem Vorbild eines englischen Landschaftsparks angelegt, erfüllt der Rombergpark seither die Sehnsucht nach Ruhe und Naherholung. Der Park hat aber viel mehr zu bieten als den liebevoll gepflegten alten Baumbestand und die historische Architektur. Die Pflanzenschauhäuser mit ihren exotischen und tropischen Gewächsen unter Glas ziehen zahlreiche Besucher an. Außerdem existiert seit 2004 ein Skulpturenpfad.

Botanischer Garten Rombergpark
Am Rombergpark 35a
44225 Dortmund
www.dortmund.de

22 Erleben
Dortmund

Reminiszenz an die Bierhauptstadt Europas

Kohle, Stahl und Bier – der Dreiklang hat Dortmund über 150 Jahre geprägt. Geblieben ist nur der Gerstensaft, von dem heute viel weniger gebraut wird als zu den besten Zeiten. So betrug der jährliche Ausstoß 1964 rund vier Millionen Hektoliter.

Nur Milwaukee in den USA erreichte mehr. 1826 gab es in der Westfalenmetropole sogar 38 Brauereien, nach zahlreichen Fusionen und Schließungen sind es heute nur noch drei. In der historischen Maschinenhalle der ehemaligen Hansa-Brauerei wird die Geschichte des Dortmunder Bieres anschaulich gezeigt, einschließlich aller Apparaturen wie Braukessel, Flaschenabfüll- und Reinigungsautomaten. Blickfang ist dabei der knallig rot-weiße Bierlastwagen aus dem Jahr 1922, bei Krupp gebaut.

Brauerei-Museum Dortmund
Steigerstraße 16
44145 Dortmund
T. 0231 84 00 200
www.brauereimuseum.dortmund.de
Di–Mi und Fr–So 10–17 Uhr,
Do 10–20 Uhr, Sa 12–17 Uhr

23 Genießen (Pommes-Tipp)

Dortmund

Die Damen vom Grill geben ihr Bestes

An der Kult-Pommesbude in Dortmunds Innenstadt stellen sich Manager, Rentner, Frauen mit Kinderwagen und Teenager geduldig an, um die Leib- und Magenspeise zu erwerben. CPM wird gut bewertet. Kompliment an die Damen vom Grill, die in dem kleinen Imbisswagen auf engem Raum Großes leisten. Herzhaft geht es hier zu – beim Biss in die Currywurst und in Sachen Humor.

Wurst Willi
Petrikirchhof
44137 Dortmund
T. 0162 4223885
www.wurstwilli.com
Mo–Sa 11–20 Uhr

24 Entdecken

Dortmund

Interessant nicht nur für Nerds

Im BINARIUM wird die über 40-jährige Geschichte der Heimcomputer und Videospielkonsolen von den Anfängen Ende der 1970er-Jahre bis heute dokumentiert. Und es darf gespielt werden: An den alten Schätzchen wie Atari 2600 oder NES, aber auch an aktuellen Modellen. Im Obergeschoss sind die elektronischen Begleiter von damals zu finden. Zur Erinnerung: Sie hießen unter anderem C64, Amiga und Atari ST. Über 700 Exponate sind hier ausgestellt, für die sich nicht nur Nerds interessieren dürften.

BINARIUM – Deutsches Museum der digitalen Kultur
Hülshof 28
44369 Dortmund
T. 0231 53315125
www.binarium.de
Di–So 10–17 Uhr

25 Genießen
Dortmund

Am Puls der Borussia

Die Spiele von Borussia Dortmund live im TV erleben, feiern und „lecker essen“, wie man im Ruhrgebiet sagt – das alles ist im „Strobels“ bestens möglich. Gleich neben dem Signal Iduna Park, der Herzkammer der Borussen, warten rustikale Speisen, Dortmunder Bier und eine herzliche Atmosphäre auf den Gast, der auch gern zu den Fans der Auswärtsmannschaft gehören darf. Ein schöner Biergarten, viele Partys und Konzerte machen das „Strobels“ auch außerhalb der Spieltage zu einer angesagten Location.

Strobels
Strobelallee 50
T. 0231 9995060
www.strobels-dortmund.de
Mo-So 11-22 Uhr

26 Erleben
Dortmund

Grüne Oase mit Faultieren

Mehr als 1500 Tiere in über 230 Arten leben im Dortmunder Zoo, der seinen Fokus auf die Fauna Südamerikas gelegt hat. Faultiere, Ameisenbären und Gürteltiere werden hier gezeigt, aber auch Leguane, Papageien, riesige Vogelspinnen und Tapire. In dem weitläufigen Zoo, der in eine alte Parkanlage mit abwechslungsreichem Baumbestand eingebettet ist, gibt es natürlich auch Löwen, Leoparden, Giraffen, Zebras und Nashörner aus Afrika. Eine grüne Oase mit hohem Freizeitwert.

Zoo Dortmund
Mergelteichstraße 80
44225 Dortmund
T. 0231 5028593
www.zoo.dortmund.de
Tgl. Sommer 9–18.30 Uhr
(16. März bis 15. Oktober)
Winter 9–16.30 Uhr
(1. November bis 15. Februar)
Übergangszeiten 9–17.30 Uhr
(16. Februar bis 15. März und
16. bis 31. Oktober)

27 **Entdecken**
Dortmund

Wahrzeichen und Zentrum für Kunst und Kreativität

Es glänzt golden in der Abendsonne und ist das bekannteste Wahrzeichen der Westfalenmetropole: das Dortmunder U auf dem ehemaligen Gär- und Lagerhochhaus der Union-Brauerei. Erst 1968 wurde es auf dem siebenstöckigen Gebäude angebracht und mit 450 Gramm Blattgold veredelt. Heute gehört Union zur Radeberger-Gruppe. Das Hochhaus verfiel zusehends, erlebte dann ab 2008 seine Wiedergeburt und wurde 2010 als einzigartiges Zentrum für Kunst eröffnet. Vier Ausstellungen auf drei Etagen können hier besucht werden. Berühmt ist das U auch durch die „Fliegenden Bilder" des Filmkünstlers Adolf Winkelmann. Rund um die Dachkrone des Gebäudes laufen mit Hilfe von 1,7 Millionen LED-Leuchten Filmsequenzen mit Ruhrgebietsszenen. Im Fokus der Ausstellungen, Veranstaltungen und Vermittlungsangebote stehen digitale Medien und die Förderung der Kreativität. Rund ums U ist ein hippes Szeneviertel entstanden, das Unionsviertel.

Dortmunder U
Zentrum für Kunst und Kreativität
Leonie-Reygers-Terrasse
44137 Dortmund
T. 0231 5024723
www.dortmunder-u.de
Di–Mi und Sa–So 11–18 Uhr,
Do–Fr 11–20 Uhr

28 Erleben
Dortmund

Nolde, Macke, Klee und andere

In der vierten und fünften Etage des Dortmunder U hat sich eines der schönsten Museen im Lande mit einer hochkarätigen Sammlung expressionistischer Kunst angesiedelt. Mit Gemälden, Grafiken und Skulpturen von Ernst Ludwig Kirchner, Karl Schmidt-Rottluff, Emil Nolde, August Macke, Paul Klee und anderen sind Werke der bekanntesten Maler der Künstlervereinigungen „Die Brücke" und „Blauer Reiter" zu sehen. Aber auch die Nachkriegs- und Gegenwartskunst ist breit vertreten. Bei den jährlich wechselnden Präsentationen steht die Verbindung von Kunst mit Themen wie Ökologie, Migration, Politik im Mittelpunkt.

Museum Ostwall im Dortmunder U
Leonie-Reygers-Terrasse 2
44137 Dortmund
T. 0231 5024723
www.museumostwall.dortmund.de
Di–Mi und Sa–So 11–18 Uhr,
Do–Fr 11–20 Uhr

29 Genießen
Dortmund

Feine K-U-linarik im Gewölbekeller

Allein schon der Besuch des prächtigen Gewölbekellers im 1927 erbauten Gär- und Lagerhochhauses der Union-Brauerei, dem heutigen Dortmunder U, ist ein Erlebnis. Feinschmecker loben die Qualität der Steaks und Fischgerichte sowie den guten Service. Da kann der Abend nur gelingen.

EMIL Grill & Meer
Emil-Moog-Platz
44137 Dortmund
T. 0231 47647814
www.emil-dortmund.de
Di–So ab 18 Uhr

30 Entdecken
Dortmund

Pillendreher und Zäpfchengießer

Eine spannende Reise in eine Zeit, in der die Medikamente noch von Hand hergestellt wurden und die Apotheke eine geheimnisvolle Aura umgab, bietet das Apotheken-Museum. Kolben und Destilliergeräte, Flaschen mit längst vergessenen Substanzen, ausgestopfte Tiere und Fachbücher aus drei Jahrhunderten sind hier zu bewundern. Die Adler-Apotheke erschien 1392 erstmals in den Annalen, ist damit das älteste Unternehmen Dortmunds und kann gefahrlos behaupten, die größte private pharmaziehistorische Sammlung Deutschlands ihr Eigen zu nennen. Bei den Führungen erleben die Besucher, wie Pillen gedreht und Zäpfchen gegossen werden.

Apotheken-Museum
Wißstraße 11
44137 Dortmund
T. 0231 84010076 (Frau Fritzsch)
www.apotheken-museum.de
Nur nach tel. Vereinbarung im Rahmen einer Führung zu besichtigen, z. B. bei der offenen Führung jeden letzten Mittwoch im Monat um 17 Uhr

31 Genießen
Dortmund

Hier gibt's was auf die Waffel

Unter den guten Eisdielen der Stadt nimmt Eiswerk eine gehobene Stellung ein – leicht zu erkennen an den Warteschlangen, die sich bei schönem Wetter im Saarlandstraßenviertel bilden. Im Angebot sind die bekannten Klassiker, ausschließlich mit natürlichen Zutaten und täglich frisch angerührt. Leckere Schleckerei.

Eiswerk
Saarlandstraße 108
44139 Dortmund
www.eiswerk.eu
In der Saison tgl. geöffnet, genaue Zeiten siehe Homepage

32 Entdecken
Dortmund

Rockefellers Jaguar

Da schlägt das Herz des Oldtimerfans höher: Der Jaguar MK V, mit dem einst US-Milliardär Rockefeller unterwegs war, der MK I von Heinz Rühmann, kultige Ferraris und Automobile der längst verschwundenen Marke Horch sind im privaten Automobil Museum Dortmund zu bewundern. Das angeschlossene Restaurant Mille Miglia ist leider nur für Gruppen im Voraus buchbar. Aber allein der Name weckt Erinnerungen an die legendäre Dreiecksstrecke in Italien und passt zum Museum.

Automobil Museum
Brandisstraße 50
44265 Dortmund
T. 0231 4756979
Besuch nach telefonischer Vereinbarung
www.oldiemuseum.de

33 Erleben
Dortmund

Kreatives Zentrum in alten Hallen

Theater in einem denkmalgeschützten Straßenbahndepot aus dem Jahr 1916, das hat was. Sprech- und Tanz-Theaterformate bilden im Theater im Depot den Kern des Programms, ergänzt durch die mannigfachen Formen zeitgenössischer Performancekunst, szenische Lesungen und verschiedene musikalische Formate. Mehr als 150 Veranstaltungen, zwischen 40 und 50 verschiedene Produktionen und durchschnittlich zwölf Premieren im Jahr stehen auf dem Spielplan des freien Theaters. Darüber hinaus ist das Depot auch in anderer Hinsicht ein Hort der Kultur und Kreativität. Architekten, Designer, Fotografen und Künstler haben sich hier angesiedelt. Das Programmkino Sweet Sixteen ebenso wie das Restaurant Depothek (tgl. ab 18 Uhr) im Lounge-Stil und mit Biergarten erhöhen zudem die Aufenthaltsqualität.

Theater im Depot
Immermannstraße 29
44147 Dortmund
T. 0231 982120
www.depotdortmund.de

34 **Genießen**
Dortmund

Westfälische Küchenköstlichkeiten

„Kirchturmküche" nennt man bei Overkamp die Philosophie des Hauses. Verwendet werden fast ausschließlich Produkte aus der Umgebung, garantiert frisch, von feiner Qualität und bestens zubereitet, wie professionelle Kritiker meinen. Seit 300 Jahren in Familienbesitz, hat sich Overkamp immer weiterentwickelt und ist heute mit seinen Gästezimmern und der „Hütte" für Veranstaltungen eine Größe in der Gastronomie. Die gehobene westfälische Küche mit Gänsespezialitäten, dem Sauerländer Wildragout und vielen anderen Köstlichkeiten zieht Gäste aus nah und fern an.

Overkamp Gastronomie
Am Ellberg 1
44265 Dortmund
T. 0231 462736
www.overkamp-dortmund.de
Mi–Mo 9–24 Uhr

35 **Erleben**
Dortmund

Geschichte der Stahlindustrie in Dortmund

Viele ehemalige Hoeschianer haben ihre Erfahrungen in dieses Museum eingebracht, das die Erinnerung an eineinhalb Jahrhunderte Stahlindustrie erhalten will, dabei aber auch den Strukturwandel nicht aus den Augen verliert. Im „3D Erlebnis Stahlwerk" erhalten die Besucher mit Hilfe einer 3D-Brille und ausgefeilter Hard- und Software einen realistischen Eindruck, wie es damals in den riesigen Stahlwerken zugegangen ist – mit ohrenbetäubendem Lärm und besonderem Licht, für das der glühende Stahl sorgt. Ein sinnliches Erlebnis.

Hoesch Museum
Eberhardtstraße 12
44145 Dortmund
T. 0231 8445856
www.hoeschmuseum.dortmund.de
Di–Mi 13–17 Uhr, Do 9–17 Uhr, So 10–17 Uhr, zusätzliche saisonale Öffnungszeiten siehe Homepage

36 **Erleben**
Dortmund

Berühmt für seine Akustik

Das 2002 eröffnete Konzerthaus Dortmund mit 1550 Plätzen beeindruckte von Beginn an durch seine herausragende Akustik. Dem Beispiel des Wiener Konzertvereins folgend, wurde der Konzertsaal nach dem Schuhkarton-Prinzip gebaut – mit Gipselementen und kunstvollen Kastenfriesen, die für eine optimale Nachhallzeit sorgen. Weltstars der Klassik treten hier ebenso auf wie junge Talente. Jazz, Weltmusik und Pop gehören zum Repertoire. Die mit viel Glas gestaltete Erdgeschosszone gestattet den Blick nach drinnen und draußen und hilft, Schwellenängste vor der Hochkultur abzubauen. Ein Blick hinter die Kulissen ist nach Vereinbarung möglich.

Konzerthaus Dortmund
Brückstraße 21
44135 Dortmund
T. 0231 22696200
www.konzerthaus-dortmund.de

37 **Erleben**
Dortmund

Hier ist man Mensch, hier darf man es sein

Exakt 4,2 Kilometer lang ist der zwischen Dortmund, Hagen und Herdecke gelegene älteste der sechs Ruhrstauseen. Auf dem Wasser tummeln sich Segler, Ruderer und Tretbootfahrer, während an Land Spaziergänger und Walker die knapp zehn Kilometer lange Umrundung des idyllisch gelegenen Sees in Angriff nehmen. Wem das zu anstrengend ist, den lässt das Fahrgastschiff „Freiherr vom Stein" gern an Bord. Der Besuch dieses Freizeitparadieses lässt sich gut mit einem Zwischenstopp auf der Hohensyburg oder am nahe gelegenen Kaiser-Wilhelm-Denkmal verbinden.

Hengsteysee
Hengsteystraße
44265 Dortmund

38 **Erleben**
Dortmund

Gepflegtes Gleiten

Ganz coole Angelegenheit, der Schlittschuhspaß in der 2000 Quadratmeter großen Eishalle innerhalb des Revierparks, zeitweise mit DJ und Lightshow. Zwei höhenversetzte Eisflächen mit Auf- und Abfahrtsrampen sorgen ab Oktober für ein Eislauferlebnis, das es in anderen Hallen nicht gibt. Aber bitte nicht ohne Training den dreifachen

Axel versuchen.

Eishalle Wischlingen
Höfkerstraße 12
44149 Dortmund
T. 0231 9170710
www.wischlingen.de
Öffnungszeiten bitte der Homepage entnehmen

39 Genießen (Pommes-Tipp)
Dortmund

Solide und gut

Einheimische, Fernfahrer und sonstige Zeitgenossen, die viel unterwegs sind, wissen in der Regel, wo man gut und günstig einkehren kann. Im Dortmunder Westen liegt in der Nähe der A 40, die bald darauf zur B 1 wird, die Futterluke. Seit mehr als einem halben Jahrhundert gibt es hier neben der CPM und anderen Klassikern auch wöchentlich wechselnde Gerichte und Eintöpfe. Die Einrichtung wirkt ein wenig aus der Zeit gefallen, das stört aber niemanden. Neben der Qualität wird auch Freundlichkeit groß geschrieben.

Futterluke
Lütgendortmunder Hellweg 24
44388 Dortmund
T. 0231 635259
Mo–Fr 10.30–22.15 Uhr,
Sa 11.30–22.15 Uhr
Instagram: @futterlukedo

40 Erleben
Unna

Avantgarde in historischer Bausubstanz

Der Schornstein der ehemaligen Lindenbrauerei, immerhin 52 Meter hoch, weist den Weg. Doch die zeitgenössische Kunst findet man tief unter der Erde in den Kühlräumen und Gärbecken. Auf 2600 Quadratmetern präsentiert das Zentrum für Internationale Lichtkunst Unna seine weltweit einmalige Sammlung. Jede Lichtinstallation wurde eigens für die Räume vor Ort geschaffen. Inzwischen haben 13 der international renommiertesten Lichtkünstlerinnen und Lichtkünstler eine dauerhafte Installation eingerichtet, unter anderem Mario Merz, Joseph Kosuth, Mischa Kuball, Christian Boltanski, Brigitte Kowanz und Olafur Eliasson. James Turrell ist mit zwei Arbeiten vertreten. Avantgardistische Lichtkunst in historischer Bausubstanz – spannender kann ein Kontrast nicht sein.

Zentrum für Internationale Lichtkunst
Lindenplatz 1
59423 Unna
T. 02303 103751
www.lichtkunst-unna.de
Besuch im Rahmen öffentlicher Führungen: Di–Fr 13, 15, 17 Uhr,
Sa–So stündlich 12–17 Uhr
Offene Begehung: 1. Sonntag im Monat 12–17 Uhr

41 **Entdecken**
Unna

Zwischen Ruhrpott und Sauerland

Nicht nur wegen des Zentrums für internationale Lichtkunst ist Unna einen Abstecher wert. Auch die malerische Innenstadt mit schönen Fachwerkhäusern zeichnet die 66 000-Einwohner-Stadt am Hellweg aus. Besonders sehenswert: das Alte Rathaus am Markt aus dem Jahr 1833 und der Eulenturm am Südwall, der als Teil der Stadtbefestigung 1475 entstand. Zwei Regionen treffen hier aufeinander: im Westen das Ruhrgebiet und im Osten das Sauerland.

Altstadt Unna
59411 Unna
Touristische Infos:
T. 02303 968050
www.unna-marketing.de

42 **Erleben**
Hamm

Der größte Elefant der Welt – als Gebäude

Gute Ideen braucht der Mensch. Der Künstler Horst Rellecke baute die klobige Kohlenwäsche der Zeche Maximilian mit viel Glas und Stahl zu einem 35 Meter hohen Glaselefanten um, in dessen Rüssel sogar Platz für einen Lift ist. Und fertig war die Attraktion der Landesgartenschau 1984 auf dem ehemaligen Zechengelände, die inzwischen auch zum Wahrzeichen der Stadt Hamm wurde. Drumherum ein wunderschöner, wilder Garten mit Stauden- und Gräsern, das größte tropische Schmetterlingshaus in Nordrhein-Westfalen, dessen Falter von März bis Oktober frei herumflattern, und ein riesiger Wasserspielplatz, auf dem das Piratenschiff „Maxitanic" geentert werden kann.

Maximilianpark
Alter Grenzweg 2
59071 Hamm
T. 02381 982100
www.maximilianpark.de
Öffnungszeiten bitte der Homepage entnehmen

43 Genießen
Hamm

Spaß und Wellness vom Feinsten

Kein Etikettenschwindel: Hamm war einmal – wegen der Solevorkommen – Badekurort und darf sich deshalb Bad Hamm nennen. In der Maximare Erlebnistherme gibt es folglich ein 33 Grad Celsius warmes Außenbecken und viele Attraktionen wie den 100-Meter-Wildwasserbach, die 92-Meter-Reifenrutsche und eine komfortable Sauna- und Wellnesswelt. Auf sattem Grün stehen Strandkörbe. Da fehlt nur die Schönwettergarantie.

Maximare Erlebnistherme Bad Hamm
Jürgen-Graef-Allee 2
59065 Hamm
T. 02381 8780
www.maximare.com
Aquawelt Mo–Fr 8–22 Uhr, Sa–So 9–22 Uhr,
Saunawelt tgl. 9–23 Uhr

44 Entdecken
Hamm

Zweitgrößter hinduistischer Tempel Europas

Der Sri-Kamadchi-Ampal-Tempel ist nach dem im nordindischen Nagara-Stil errichteten Neasden-Tempel in London der zweitgrößte hinduistische Tempel in Europa. Für viele Tamilen, die aus ihrer Heimat Sri Lanka fliehen mussten, ist er von zentraler Bedeutung. Zum jährlichen Tempelfest kommen regelmäßig über 25 000 Gläubige und Gäste aus der ganzen Welt. Besucher sind in dem 700 Quadratmeter großen Tempel mit seinen 200 Figuren von Gottheiten gern gesehen.

Sri Kamadchi Ampal Tempel
Siegenbeckstraße 4–5
59071 Hamm
T. 02388 302223
www.kamadchi-ampal.de
Tgl. 8–14 Uhr, 17–20 Uhr

Der Süden:

Hattingen, Velbert, Witten, Wetter, Herdecke, Hagen

1 **Erleben**
Hattingen

Exakt 143 liebevoll restaurierte Fachwerkhäuser weist die Hattinger Altstadt auf, in deren alten Gassen und stillen Winkeln noch Ruhe und Geborgenheit zu finden sind. Trotzdem fühlt man sich nicht wie im Museum, denn eine lebendige Gastronomie, Boutiquen und Fachgeschäfte bringen Schwung in die Idylle. Kein Wunder, dass die 55 000-Einwohner-Stadt bei Touristen sehr beliebt ist. Bekanntestes Gebäude ist sicherlich das sogenannte Bügeleisenhaus aus dem Jahr 1611, leicht zu erkennen an der schmal zulaufenden Form und dem markanten Giebel, in dem das Heimatmuseum untergebracht ist. Sehenswert ist auch der Kirchplatz, der von den ältesten Häusern Hattingens umrundet wird. Sie entstanden um 1505.

Altstadt
www.hattingen.de
Heimatmuseum im Bügeleisenhaus
Haldenplatz 1
45525 Hattingen
T. 0175 4194195
www.buegeleisenhaus.ruhr
Ende April bis Anfang Dezember Sa–So 15–18 Uhr und nach Vereinbarung

2 **Erleben**
Hattingen

Die Geschichte von Eisen und Stahl

Als 1987 die Hochöfen der Henrichshütte nach 130 Jahren erloschen, stand die Stadt unter Schock. Schließlich hatten hier 10 000 Menschen Lohn und Brot gefunden, die Hütte war der wichtigste Arbeitgeber der Stadt. Dann übernahm 1989 das Westfälische Industriemuseum den Hochofen und andere Hüttenteile und machte an diesem einzigartigen Schauplatz die Geschichte von Eisen und Stahl lebendig. Nirgendwo wird der Weg vom Eisenerz zum fertigen Produkt so anschaulich gezeigt wie hier. Ein gläserner Aufzug fährt auf den 55 Meter hohen, ältesten noch erhaltenen Hoch-

ofen im Revier. Und auf dem weitläufigen Gelände haben sich viele neue Firmen angesiedelt.

LWL-Industriemuseum Henrichshütte Hattingen
Werksstraße 31–33
45527 Hattingen
T. 02324 9247140
www.henrichshuette-hattingen.de
Di–So 10–18 Uhr

3 Entdecken Hattingen

Steile Anstiege, tiefe Täler und dunkle Wälder

Kaum wird es steiler, spricht man im Ruhrgebiet von einer „Schweiz". Zwischen Hattingen, Wuppertal, Sprockhövel und Velbert ist zweifellos die bekannteste von allen, nämlich die Elfringhauser Schweiz. Wanderer und Mountainbiker finden hier ihr Eldorado. Gut ausgeschilderte Wanderwege führen durch romantische Bachtäler, Tannenforste und ausgedehnte Mischwälder. Straßen müssen selten überquert werden. Einige Hügel sind bis zu 300 Meter hoch. Schweizerische Gefühle stellen sich ein, allerdings ohne Kuhglocken, Kräuterbonbons und Nummernkonten.

Elfringhauser Schweiz
Wanderparkplatz am Roten Haus; Navi: Felderbachstraße
45529 Hattingen
Gasthöfe: Bergerhof (Bergerweg 8, 45527 Hattingen, www.bergerhof.de),

4 Genießen
Hattingen

Tafeln wie die alten Ritter

70 Meter über der Ruhr liegt die aus dem 13. Jahrhundert stammende Burg Blankenstein, eines der beliebtesten Ausflugsziele im südlichen Revier. Sie wurde schon 1909 unter Denkmalschutz gestellt. Auf der idyllischen Terrasse im Burghof lässt sich vortrefflich speisen. Beliebt sind die Rittermahle für Gruppen, bei denen Gaukler, Hofnarren und Spielleute auftreten und Zeremonienmeister Tunichtgut von Freideborg durch den Abend führt.

Restaurant Burg Blankenstein
Burgstraße 16
45527 Hattingen
T. 02324 33 31
www.burgblankenstein.de
Mo–Fr ab 18 Uhr, Sa ab 14 Uhr, So ab 11 Uhr

5 Entdecken
Velbert

Der längste Krimi der Weltgeschichte

Vom einfachen Riegel bis zum Hightech-Schloss: Die Geschichte der Sicherheitstechnik begann bereits vor über 4000 Jahren und verlief parallel zur Menschheit- und Kulturentwicklung. Wenn man so will, der längste Krimi der Weltgeschichte, in dem sich gerissene Einbrecher und geniale Erfinder einen Kampf liefern. Bekannte Firmen der Schließtechnik arbeiten in Velbert. Es hat also seinen guten Grund, dass das Deutsche Schloss- und Beschlägemuseum als einziges wissenschaftlich geführtes Museum für Schließ- und Sicherheitstechnik hier angesiedelt ist. An Mitmachstationen können die Besucher verschiedene Schließmechanismen selbst ausprobieren.

Deutsches Schloss- und Beschlägemuseum
Forum Niederberg
Oststraße 20
42551 Velbert
T. 02051 262285
www.schlossundbeschlaegemuseum.de
Di–Fr 9–16 Uhr, So 12–18 Uhr

6 **Genießen**
Velbert

Klassiker vom Sternekoch

Sehnsuchtsort für Gourmets und eine der besten kulinarischen Adressen des Ruhrgebiets ist das Restaurant Haus Stemberg in Velbert-Neviges, das seit 1864 in Familienbesitz ist. In der fünften Generation steht heute Sascha Stemberg am Herd des Traditionsrestaurants. Getreu dem Motto „Zwei Küchen von einem Herd" bietet der Küchenchef, der 2013 mit einem Michelin-Stern ausgezeichnet wurde, regionale Küche und Klassiker neben der „Neuen Deutschen Kochkunst" an.

Haus Stemberg
Kuhlendahler Straße 295
42553 Velbert
T. 02053 5649
www.haus-stemberg.de
Sa–Mi 12–15 Uhr, 18–23 Uhr

7 **Erleben**
Witten

Die Wiege des Ruhrbergbaus

Ein junger Schweinehirt deckt abends sein Feuer mit schwarzen Brocken zu, um es zu löschen. Und wundert sich am nächsten Morgen über die glühenden Brocken. So geschehen im Mittelalter, als in der Nähe von Witten die Kohle entdeckt wurde. Aber erst einige Jahrhunderte später, um 1700, förderte man an den Hängen der Ruhr die ersten Brocken Kohle zu Tage. Auf der Zeche Nachtigall kehrt der Besucher zurück in die Zeit, als man noch waagerechte Stollen in die Hänge trieb und später die ersten Schächte grub, um an das schwarze Gold zu kommen. Im Besucherbergwerk geht es durch niedrige Gänge zu einem echten Steinkohleflöz, wo die harte Arbeit unter Tage in den damaligen Zeiten erlebbar wird. Die Ausstellung um Schacht „Hercules" herum zeigt dagegen Bergbautechnik und Maloche der Kumpel im 19. Jahrhundert.

LWL-Industriemuseum
Zeche Nachtigall
Nachtigallstraße 35
58452 Witten
T. 02302 936640
www.zeche-nachtigall.de
Di–So 10–18 Uhr

8 Entdecken
Witten

Rundweg durch 450 Jahre Bergbau

Der neun Kilometer lange Rundweg durch das beschauliche Muttental gleicht einer Zeitreise durch 450 Jahre Bergbau an der Ruhr. Ob einfache Stollenmundlöcher oder stählerne Fördergerüste – über 30 Objekte dokumentieren die Entwicklung von den Anfängen bis zur Neuzeit. Im ehemaligen Bethaus beschäftigt sich eine Ausstellung mit der Zeit, in der es noch keine riesigen Schachtanlagen gab.

Bergbaurundweg Muttental
Nachtigallstraße
56852 Witten
Eintritt frei, immer zugänglich

9 Genießen (Pommes-Tipp)
Witten

Kultfigur der Frittenszene

Die Fachwelt ist sich einig: Diese Frittenschmiede in Witten-Annen gehört zu den Besten im gesamten Ruhrgebiet. Nicht ohne Grund steht man hier gern Schlange, vom Abteilungsleiter bis zum Grundschüler. Gründer Eddi Berkenberg hat viel dazu beigetragen: durch feinste Qualität, coole Sprüche, seine CPM-Tätowierung auf dem linken Unterarm (Currywurst, Pommes, Mayo in starken Farben) und vielleicht dem Schild mit der Aufschrift „Currywürste machen dich zum besseren Liebhaber!" hat er Kultstatus erlangt. Seit 2004 ist Sohn Detlef am Start. Trotzdem: Nix wie hin.

Eddis Durst- und Wurst-Express
Stockumer Straße 35
58453 Witten
Mo–Fr 13.30–20.30 Uhr
www.facebook.com/EddisDurstundWurstExpress/

10 Erleben
Witten

Am schönsten Ruhrabschnitt

Idyllische Lage am Muttental, toller Blick auf den schönsten Abschnitt der Ruhr – das allein rechtfertigt den Besuch der Ruine von Burg Hardenstein. Vom Gebäude aus dem 14. Jahrhundert sind nur noch Türme und Befestigungsanlagen geblieben. Wanderer und Radfahrer kommen sehr gern hierher, auch um mit der Ruhrfähre ans andere Ufer zu gelangen. Dort warten im 1835 erbauten Königlichen Schleusenwärterhaus in der Nähe des RuhrtalRadwegs willkommene Erfrischungen.

Burg Hardenstein
Hardensteiner Weg
58456 Witten
www.burgfreunde-hardenstein.de
Immer zugänglich

Königliches Schleusenwärterhaus
Insel 1
58456 Witten
T. 0157 32630282
www.wabembh.de
Mo–Fr 12–18 Uhr, Sa–So 10–18 Uhr

11 Entdecken
Wetter

Deutschlands berühmteste Köchin

Sie war viel mehr als eine berühmte Köchin und Kochbuchautorin, deren Werke noch bis weit ins 20. Jahrhundert hinein in fast jedem Haushalt standen. Der unverheirateten Pfarrerstochter Henriette Davidis (1801–1876), die in Wengern – heute zu Wetter gehörig – geboren wurde, ging es auch darum, Frauen und ihr Wirken in der Geschichte sichtbar zu machen. Im Museum, das in einem Fachwerkhaus residiert, sind neben Küchenutensilien und Möbeln aus dem 19. Jahrhundert auch über 7000 Hauswirtschafts- und Kochbücher ausgestellt.

Henriette-Davidis-Museum

Elbscheweg 78
58300 Wetter
T. 02335 61116
www.henriette-davidis-museum.de
So 15–17 Uhr und nach Absprache

12 Entdecken
Wetter

Erinnerung an den Vater des Ruhrgebiets

Mit seinen Pumpen, Dampfmaschinen und Eisenbahnschienen hat Friedrich Harkort (1793–1880) die Industrialisierung des Ruhrgebiets erst möglich gemacht. Zugleich war er sozial engagiert und kämpfte unter anderem für ein Verbot der Kinderarbeit. Vieles im Revier erinnert an den Industriepionier, so der Harkortsee und der darüber thronende, 1884 eingeweihte Harkortturm. Wer die 131 Stufen schafft und auf 35 Meter Höhe anlangt, dem bietet sich ein herrlicher Blick auf das Ruhrtal. Ehrenamtliche Türmer vom Heimatverein Wetter e. V. übernehmen an den Öffnungstagen die Betreuung der Besucher und berichten Wissenswertes.

Harkortturm

Harkortberg
58300 Wetter
Haupttürmer Peter Vormann:
peter-vohrmann@t-online.de
www.stadtmarketing-wetter.de
April bis November jeden
1. Sonntag im Monat und nach Vereinbarung

13 Genießen Herdecke

Herrentorte und Tradition

Wenn die Kunden an bestimmten Tagen in Doppelreihe stehen und Köstlichkeiten wie Herrentorte oder „Sylter Pflaume“ weggehen wie geschnitten Brot, dann muss was dran sein am guten Ruf von Café Wenning. Für die Herdecker Bürger ist Wenning seit 75 Jahren ein Begriff und gehört quasi zur DNA der Stadt. So manche zarte Verbindung wurde hier bei duftendem Kaffee und sahnigen Wonnen geknüpft. Das 200 Jahre alte Haus ist aus dem Stadtbild nicht mehr wegzudenken. Warum auch?

Café und Konditorei Wenning
Claudia und Guido Behrens
Hauptstraße 2
58313 Herdecke
T. 02330 2362
www.cafewenning.de

14 Erleben Hagen

Immer was zu knuspern

Das lächelnde Kind auf der Zwieback-Verpackung kennt jeder. Die Marke Brandt natürlich auch. Alles über die Herstellung von Zwieback, der wegen seiner Haltbarkeit ursprünglich als Proviant für Seeleute entwickelt wurde, erfährt der Besucher in Brandts kleiner Zwiebackwelt im historischen Haus Stennert von 1750, in dem sich auch das Bistro mit Barverkauf befindet. Zugleich ist es eine Zeitreise durch die Geschichte der 1912 gegründeten Traditionsfirma. Übrigens: Die Minis in vielen Geschmacksrichtungen sind besonders gefragt.

Brandts kleine Zwiebackwelt
Enneper Straße 3
58135 Hagen
T. 02331 3486143
www.brandt-zwieback.de
Führungen nur nach Voranmeldung (T. 02331 4770) Mo–Fr 15 und 16 Uhr
Bistro/Barverkauf: Mo–Fr 10–18.30 Uhr

15 **Entdecken**
Hagen

Einzigartig in Europa

Es wird geschmiedet, gebacken, gedruckt, gebraut und vieles mehr. In einem Drittel der 60 historischen Betriebe und Werkstätten im Freilichtmuseum Hagen steht noch harte Arbeit auf dem Programm. Verteilt auf 42 Hektar, erzählt das in Europa einzigartige Museum die Geschichte der Region zwischen 1780 und dem Ende des 19. Jahrhunderts. Fragen sind ausdrücklich erwünscht und bei den Mitmachaktionen dürfen die Besucher mit anpacken. Vor ihren Augen entstehen Papier, Seile, Brot und vieles mehr. Spannend.

LWL-Freilichtmuseum Hagen
Westfälisches Landesmuseum für Handwerk und Technik
Mäckingerbach
58091 Hagen
T. 02331 78070
www.lwl-freilichtmuseum-hagen.de
Di–So, Einlass 9–17 Uhr (30. März bis 31. Oktober)

16 **Erleben**
Hagen

Zwei Welten: Emil Schumacher Museum und Osthaus Museum

Im noch jungen Kunstquartier Hagen erlebt der Besucher in zwei ganz unterschiedlichen Museen ein breites Panorama von Kunstwerken zwischen Gegenständlichkeit und Abstraktion. Das neu gebaute Emil Schumacher Museum stellt auf 1200 Quadratmetern einen der international bedeutendsten Vertreter der expressiven Malerei vor. Dabei kann es aus dem Bestand von über 500 Originalen aus allen Schaffensperioden Schumachers schöpfen, der 1912 in Hagen geboren wurde und 1999 in Spanien verstarb. Das grundlegend sanierte und erweiterte Osthaus Museum bietet intensive Begegnungen mit künstlerischen Ausdrucksformen von der klassischen Moderne, insbesondere mit Hauptwerken des deutschen Expressionismus, bis zu zeitgenössischen Positionen.

Kunstquartier Hagen
Museumsplatz 1
Navi: Hochstraße 73
58095 Hagen
T. 02331 2073138
www.kunstquartier-hagen.de
Di–So 12–18 Uhr

Von einem Ort zum anderen im Ruhrgebiet:

Querbeet

1 Erleben
Mit dem Zeppelin übers Revier

Seltenes Erlebnis

Erst der starre Aufbau macht das Luftschiff zum Zeppelin. Vom Flughafen Essen/Mülheim starten nur Luftschiffe ohne inneres Gerüst, die sogenannten Blimps. Das hindert die Ruhrgebietsbewohner aber nicht daran, von Zeppelin zu sprechen, wenn wieder mal eine mit Helium gefüllte, brummende Zigarre am Himmel erscheint. Seit 1955 steigen die Blimps in Mülheim auf und sind zu einem Wahrzeichen des Reviers geworden. Ein solcher Rundflug ist ein seltenes Erlebnis, allerdings auch nicht billig. Knapp 300 Euro kostet die Fahrt (Luftschiffer-Jargon) pro Erwachsenem, 115 Euro für Kinder.

WDL
Lilienthalstraße 8
45470 Mülheim an der Ruhr
T. 0208 378080
www.wdl-worldwide.de

2 Genießen
Fahrt mit der Dampflok

Bummelzug am Baldeneysee

Hier ist Entschleunigung angesagt. Der beliebte Museumszug startet am Alten Bahnhof Essen-Kupferdreh und dampft gemütlich bis zur Endstation Haus Scheppen am Baldeneysee.

Sechs Mal am Tag geht es von Mai bis Oktober hin und zurück. Hunger und Durst können in dem Restaurant am Startort und an den beiden Imbissbuden nahe dem inzwischen geschlossenen Traditionsrestaurant Haus Scheppen gestillt werden. An schönen Tagen treffen sich hier hunderte Motorradliebhaber aus nah und fern. Manchmal noch mehr.

Hespertalbahn e.V.
Postfach 15 02 23
45242 Essen
T. 0201 80091330
www.hespertalbahn.de

Start: Alter Bahnhof Kupferdreh, Restaurant Lukas
Prinz-Friedrich-Straße 1
45257 Essen
T. 0201 848353
www.lukas-essen.de

Ziel: Haus Scheppen, dort gibt es zwei Imbisse
Hardenbergufer 389
45239 Essen

3 Bewegen
RuhrtalRadweg

Radeln mit Genuss

Dass der RuhrtalRadweg zu den schönsten Flussradwegen Deutschlands gehört, hat sich längst herumgesprochen. 240 genussvolle Kilometer sind es von der Ruhrquelle im Sauerland bis zur Mündung in Duisburg, die nach Belieben in verschieden lange Etappen eingeteilt werden können. Das letzte Stück von Bochum bis zur Landmarke Rheinorange lässt sich gut an einem Tag bewältigen und besticht durch Idylle und landschaftliche Schönheit – obwohl es mitten durch den Ruhrpott führt. Alles was man über Strecke, Gastgeber, Fahrradverleih, Service-Angebote, Logistik, E-Bike-Ladestationen und vieles mehr wissen muss, steht auf der Homepage.

RuhrtalRadweg
www.ruhrtalradweg.de

4 Bewegen
Draisinenfahrt im Grenzland

Strampeln auf dem Gleis

Wann ergibt sich schon einmal die Chance, auf einem stillgelegten Gleis per Fahrraddraisine ins Nachbarland zu rollen? Kreuzungsfrei und entspannt durch die schöne Niederrheinlandschaft zu cruisen? Von Kranenburg bei Kleve aus geht es die 5,5 Kilometer ins niederländische Groesbeek und zurück. Eine zweite Strecke ist länger. Es stehen Draisinen mit zwei und vier Strampelplätzen zur Verfügung. Eine Riesengaudi für Familien und Gruppen bis zu 14 Mitgliedern. Kleve liegt zwar außerhalb des Reviers. Da man nirgendwo anders in Nordrhein-Westfalen auf Gleisen strampeln darf, sei der Tipp erlaubt.

Grenzland-Draisine GmbH
Bahnhofstraße 15
47559 Kranenburg
T. 02826 9179900
www.grenzland-draisine.eu

5 Entdecken
Kulturlinie 107

Entdeckungsreise per Straßenbahn

Eigentlich ist die Kulturlinie 107 eine ganz gewöhnliche Tramverbindung zwischen dem in jeder Hinsicht außergewöhnlichen Gelsenkirchener Musiktheater im Revier (MiR) und dem wohlhabenden Stadtteil Bredeney im Essener Süden. Auf der 17 Kilometer langen Strecke reihen sich 60 zum Teil hochkarätige Sehenswürdigkeiten wie Perlen auf der Schnur: Ob Welterbe Zeche Zollverein, Alte Synagoge, Essener Dom, Aalto-Oper, Museum Folkwang oder Villa Hügel – alle kulturellen Attraktionen liegen in Spaziergangweite von den Haltepunkten der Linie 107. Wichtig: Nicht zu viele Ziele ansteuern und die Tour vorher präzise planen. Schließlich ist die Kulturlinie 107 keine wohlorganisierte Stadtrundfahrt, sondern eine individuelle Entdeckungsreise. Alle wichtigen Infos (Ticket, Ziele, Fahrzeiten) auf der Homepage.

Kulturlinie 107
www.kulturlinie107.de

6 Entdecken
Fünf-Schleusen-Fahrt

Vom Rhein-Herne-Kanal zum Baldeneysee

Ein echtes Kontrastprogramm: Angegraute alte Industriehäfen auf der einen, das idyllische Ruhrtal mit den Schlössern Landsberg und Hugenpoet auf der anderen Seite. Hinzu kommen die Schleusungen, für manche Fahrgäste eine durchaus spannende Sache. Eine sehr attraktive Gelegenheit, Teile des Ruhrgebiets von der Wasserseite zu entdecken, ist die Fünf-Schleusen-Fahrt. Startort ist der Nordsternpark in Gelsenkirchen, wohin es per Bustransfer auch zurückgeht. Über den Rhein-Herne-Kanal und die Schleuse Lirich geht es weiter bis Duisburg-Meiderich, wo die „MS Kettwig" in die Ruhr einbiegt und über den Mülheimer Wasserbahnhof und Kettwig zum Baldeneysee schippert. Angeboten werden aber auch Linienfahrten nur auf dem Kanal.

Weiße Flotte Baldeney
Hardenbergufer 379
45239 Essen
T. 0201 1857990
www.kanalschiff.de

7 Entdecken
Die deutsche Fußball-Route

Wo „Boss" Rahn immer sein Tor schildern musste

Der berühmte Schalker Markt oder die „gelbe Wand" von Dortmund. Die Friesenstube in Essen-Frohnhausen, wo „Boss" Rahn immer sein Pils trank. Und erzählen musste, wie das war, damals in Bern. Die Duisburger MSV-Arena, in deren Anstoßkreis Tatortkommissar Schimanski mal pudelnackt erwachte. Keine Region in Deutschland ist so dicht mit Top-Vereinen bestückt wie das Ruhrgebiet – und entsprechend reich an Anekdoten. Die deutsche Fußballroute hält jede Menge Tipps für positiv Fußballverrückte bereit, die Lust auf eine Nostalgiereise haben.

Deutsche Fußball-Route
www.deutsche-fußballroute.de

8 Erleben
Fahrt im Heißluftballon

Der Wind bestimmt den Kurs

Der Wind rauscht, der Brenner zischt und alles wirkt so friedlich. Eine Fahrt (nicht Flug) mit dem Heißluftballon über das Ruhrgebiet ist ein Erlebnis und eine sinnliche Erfahrung zugleich. Aus der Vogelperspektive werden Siedlungs- und Verkehrsstrukturen sichtbar, erscheinen Standorte der Industriekultur und moderne Anlagen in einem völlig neuen Licht. Und man sieht, wie viel Grün es hier gibt. Aber: Beim Ballonfahren bestimmt allein der Wind den Kurs. Bläst er zu stark, muss ein neuer Termin vereinbart werden.

Hot Air Balloon
Flughafen Essen/Mülheim
Brunshofstraße 3
45470 Mülheim an der Ruhr
T. 0208 370191
www.Fun4you.de/ballonfahrt

9 Erleben
Rheinfähre Walsum-Orsoy

Pendler zwischen zwei Welten

Welch ein Kontrast: Am Walsumer Ufer, das zu Duisburg gehört, legt die Fähre „Glück auf" im Schatten eines gigantischen Kohlekraftwerks ab. Wenig später haben die Pkw-Fahrer und Radler im beschaulichen mittelalterlichen Niederrhein-Örtchen

Orsoy, das zu Rheinberg gehört, wieder festen Boden unter den Füßen. Nur fünf Minuten dauert die Fahrt über den verkehrsreichsten Strom Europas. Schubverbände mit bis zu sechs Leichtern, Tanker und Kohlefrachter donnern vorbei, es weht ein frischer Wind. Die einfache Überfahrt kostet nur 3,50 Euro pro Auto und ist jeden Cent wert. Der Fähranleger ist von Duisburg-Walsum über die Rheinstraße und von Rheinberg-Orsoy aus über die Fährstraße zu erreichen. Beide Zufahrten sind gut ausgeschildert.

Rheinfähre Walsum-Orsoy
www.rheinfaehre-walsum.de

10 Erleben
Mit dem Schienenbus durch das Ruhrtal

Das Comeback des „Roten Brummers"

Nur die Älteren werden sich an die „Roten Brummer" erinnern. So hießen früher die Schienenbusse – heute etwas seltsam anmutende Gefährte, die mehr an einen Bus als einen Zug erinnern und ausschließlich auf Nebenstrecken der Bahn unterwegs waren. Ein solcher Schienenbus fährt zu bestimmten Zeiten zur Freude vieler Eisenbahnfans zwischen Hagen Hauptbahnhof und dem Eisenbahnmuseum Bochum. Auf der mehr als 40 Kilometer langen Strecke liegen zahlreiche Standorte der Industriekultur wie die Henrichshütte in Hattingen, die Zeche Nachtigall und das Muttental in Witten. Überall gibt es die Gelegenheit, aus- oder zuzusteigen. Neben dem historischen Schienenbus fährt auch der nostalgische Dampfzug auf der ehemaligen Lebensader von Kohle und Eisen. Homepage beachten.

Ruhrtalbahn
www.ruhrtalbahn.de

11 Entdecken
Haldenhopping

Gipfelstürmen im Revier
Früher waren sie dreckige und lästige Begleiter des Bergbaus. Heute sind aus den Halden des Reviers eindrucksvolle Landschaftsbauwerke geworden, auf deren Gipfeln Kunstwerke wie die begehbare Skulptur „Geleucht“ auf Rheinpreußen in Moers, der berühmte Tetraeder auf der Halde Beckstraße in Bottrop oder das Horizontobservatorium auf Hoheward in Herten thronen. Viele Halden sind auf diese Weise zu Landmarken geworden – und Haldenhopping zu einer Tourismus-Attraktion. Industriegeschichte und Freizeitspaß lassen sich hier bestens vereinen. Und von allen Gipfeln bietet sich ein fantastischer Blick auf das Revier. Einen guten Überblick über die interessantesten Halden, ihre Besonderheiten und Freizeitangebote sowie Anfahrtipps gibt die Broschüre „Gipfelstürmen“ es Regionalverbandes Ruhr (RVR), dem Eigentümer der Halden.

Gipfelstürmen in der Metropole Ruhr
Download www.halden.metropoleruhr.de
Kostenlose Broschüre bestellbar unter www.shop.metropoleruhr.de

12 Bewegen
Wikinger-Tour auf der Ruhr

Friedliche Eroberer
Einen Spaß mit Alleinstellungsmerkmal haben hier die Mülheimer Touristiker organisiert. Denn eigenhändig mit einem nachgebauten Wikingerschiff namens „MüWi“ auf der landschaftlich schönen Strecke zwischen Essen-Kettwig und dem Mülheimer Wasserbahnhof zu rudern ist anderswo nicht möglich. Ideal für Gruppen bis

14 Personen, aber auch Einzel-Eroberer können mitfahren. Zwei wichtige Infos: Gerudert wird flussabwärts, also mit der Strömung. Die Nordmänner hatten bei der Atlantiküberquerung etwas schlechtere Bedingungen.

Touristinfo im Medienhaus
Synagogenplatz 3
45468 Mülheim an der Ruhr
T. 0208 9609642
www.muelheim-ruhr.de

13 Erleben
BOGESTRA-Linie 302

Ruhrgebiet per Straßenbahn

Über 80 Minuten benötigt die Straßenbahnlinie 302 der Bochum-Gelsenkirchener Straßenbahnen AG (BOGESTRA) vom Rathaus Buer im Gelsenkirchener Norden bis zum S-Bahnhof Langendreer im Bochumer Osten. Längere Tramverbindungen gibt es im Ruhrgebiet wohl kaum. Wer neugierig auf das Revier, seine Menschen und seine unterschiedlichen Stadtteile ist, sollte sich die Zeit nehmen und mitfahren. Auch das Aussteigen lohnt: An der Strecke liegen unter anderem die Veltins-Arena (Seite 165), das Musiktheater im Revier (Seite 168) und auf Bochumer Gebiet das Bermuda-Dreieck (Seite 180) und die Jahrhunderthalle (Seite 187). Mit einem Tagesticket der Preisstufe B kann man die Fahrt beliebig oft unterbrechen. Kosten: 14,20 Euro für einen Erwachsenen.

Straßenbahnlinie 302
www.vrr.de

14 Erleben
S-Bahnlinie 3

Im Eiltempo die Ruhr entlang

Bahnkenner halten die S-Bahnlinie 3 von Oberhausen Hauptbahnhof nach Hattingen für die landschaftlich schönste im Gebiet des Verkehrsverbunds Rhein-Ruhr (VRR), denn die Bahn fährt im südlichen Streckenteil durch das Ruhrtal und endet im beschaulichen Hattingen. Hier lassen sich mehrere Fliegen mit einer Klappe schlagen. Vom Oberhausener Hauptbahnhof geht es zum Eisenbahnmuseum Bochum-Dahlhausen, wo über 120 historische Loks und Waggons zu bewundern sind. Danach ist es nicht mehr weit bis Hattingen und seiner anheimelnden Altstadt (Seite 220), wo es viele Möglichkeiten zur Einkehr gibt. In nur 37 Minuten geht es zurück nach Oberhausen. Auch hier bietet sich das Tagesticket der Preisstufe B an.

S-Bahnlinie 3
www.vrr.de

15 Erleben

Grüne Flotte

Hausboot mit Tretantrieb

Für die einen ist es ein genialer Spaß, für die anderen eine wunderbare Gelegenheit zum Entschleunigen – die Hausboote mit Tretantrieb der „Grünen Flotte“ haben Hochkonjunktur auf der Ruhr. Bis zu fünf Personen können auf den unterschiedlich großen Booten wohnen, die nicht ohne Grund Escargot, also Schnecke, heißen. Entspannt durch das idyllische Ruhrtal gleiten, die Seele baumeln lassen heißt das Motto. Anlegen wo man will. Drei Dinge sind zu beachten: Grillen an Bord ist strengstens verboten. In die Pedale treten sollten immer zwei Freizeitkapitäne gleichzeitig, weil es sonst zu anstrengend wird. Und, zur allgemeinen Erleichterung: Es gibt einen Hilfsmotor.

Grüne Flotte
Hafenstraße 15
45478 Mülheim an der Ruhr
T. 0208 74049875
www.gruene-flotte.de

16 Erleben

Der Rote Baron

Rundflug im größten Doppeldecker der Welt

Wahrscheinlich muss man erst in die Luft gehen, um die reizvollen Kontraste der Kulturlandschaft Ruhrgebiet zu erfassen. Industrieanlagen, herrliche Seen, Autobahnknoten, Haldengebirge, große Wälder, Provinz und Großstadt liegen eng beieinander. Von den Flughäfen Essen/Mülheim und Dortmund aus sind Rundflüge mit dem größten Doppeldecker der Welt buchbar. Das Fluggerät kennt fast jeder im Revier: Wegen seiner knallroten Farbe und des unüberhörbaren Motorengeräuschs.

Air Albatros
Flughafen Essen/Mülheim
Brunshofstraße 3
45470 Mülheim an der Ruhr
T. 0208 370191
www.rundflug-ruhrgebiet.de

17 Entdecken
Erzbahntrasse

Interessanter Radweg

Früher wurden von hier aus die Hochöfen des Bochumer Vereins mit Erz versorgt, heute ist die Erzbahntrasse einer der interessanten und beliebtesten Radwege des Landes. Von Bochum nach Gelsenkirchen geht es auf dem Fahrrad-Highway rund zehn Kilometer leicht bergab. Bestens ausgebaut führt die ehemalige Bahntrasse von der Jahrhunderthalle Bochum bis zur spektakulären Grimberger Sichel, die mit einer Spannweite von 150 Metern den Brückenschlag über den Rhein-Herne-Kanal macht. Im Westpark in Bochum wiederum startet die Tour mit der markanten, 130 Meter langen Erzbahnschwinge, einer der bekanntesten Brückenkonstruktionen im Ruhrgebiet. Am Radknotenpunkt, der aus allen Richtungen ziemlich auf halber Strecke liegt, wartet „Holgers Erzbahnbude", ein beliebter Radlertreff, mit flüssiger und fester Stärkung. Hier zweigt nach Westen ein Abstecher Richtung Essen zum UNESCO-Welterbe Zollverein ab. Der trutzige Malakowturm der Zeche Hannover ist ein lohnendes Ziel in östlicher Richtung.

Erzbahntrasse
www.ruhr-tourismus.de
www.bochum-tourismus.de

18 Entdecken
Stadtrundfahrten im Ruhrgebiet

Der ideale Einstieg, um die Städte des Ruhrgebiets kennenzulernen. Die blauen Busse mit dem Cabriodach cruisen unter anderem durch Essen, Herne, Gelsenkirchen, Recklinghausen und Witten. Während der zweistündigen Fahrt gibt es viele Infos über die Besonderheiten und die Geschichte der jeweiligen Stadt.

Ruhrgebiet Stadtrundfahrten
Honigsberger Straße 26
45472 Mülheim an der Ruhr
T. 0201 857956070
www.ruhrgebiet-stadtrundfahrten.de

Umschlagabbildungen:
Fotolia: m.u. (sehbaer_nrw)
Huber Images, Garmisch-Partenkirchen: o.li. (Klaes Holger); o.re., m. li., m.re. (Günter Gräfenhain); u.li., (Jürgen Ritter)
Thomas Robbin, Herten: u.re.
Innenabbildungen:
Fotolia: 11 (Heinz Waldukat), 12 (Matthias), 21 (brudertack69), 57 (Sannacovic), 64 (Rainer Ksobiak), 157 (Simon),
Huber Images, Garmisch-Partenkirchen: 15 (Frank Lukasseck), 18 (Heinz-Joachim Jokscha), 27 (Reinhard Schmid), 33 (Corrado Piccoli), 81 (Günter Gräfenhain)
Jochen Tack, Essen: 24, 35, 37, 40, 41, 42 re., 45, 50, 62, 68, 80, 82, 85, 87, 88, 91, 101, 102, 104, 112, 112, 155, 118 li., 118 re., 126, 137, 138, 140, 151, 165, 167, 169, 172, 180, 185, 187, 188, 189, 198, 200, 201, 208, 220 re., 221, 225, 232, 239
Ruhr Museum: 107 (Andrea Kiesendahl)
Wikimedia commons: 30 (Andreas Praefecke), 42 li., 51 (Dat Doris), 86 (Beckstet), 98 (Garver), 212 (Mbdortmund), 216 (picture8)
CC BY-SA 2.0: 134 (Daniel Ullrich); 210 (Lucas Kaufmann); 214 (Riessdo)
CC BY-SA 2.5: 97 (Arnoldius)
CC BY-SA 3.0: 25, 28 (Alter Vista); 38 (Sir James); 48, 49, 54, 55 (Tuxyso); 52 (Ruesterstaude); 53 (Doc Feelgood); 58, 66, 105, 120, 154 li., 154 re., 155, 161, 170, 174, 178, 179, 182, 226 (Frank Vincentz); 72; 76, 110 li. (Rainer Halama); **83, 100 (wiki05); 84 (Sir Gawein); 103 (CC BY-SA);** 110 re. (Dominik Wesche); 123 (Willi Heidelbach); 133, 149 li. (Daniel Ullrich); 139 (Arnold Paul), 145 (Ziko), 149 re. (Stefan Hambach); 159 (Hartung); 160 (Rasi57); 164 (Marc Schuelper); 168 (MiR Gelsenkirchen); 183 (SchauspielhausBO); 195 (Norden06); 197, 199 (Helfmann); 205 (severus tremonia); 213 (JosefLemkuhl); 222 (Bstone); 224 (Raenmaen); 228 (Marc Ryckaert); 229 (Arnoldius)
CC BY-SA 4.0: 13 (Smitfotos); 29 (Hoger); 70 (geolina163); 89 (Steffen Schmitz); 130, 132 (Nordenfan); 144, 146, 147 (Dietmar Rabich); 196 (Arnoldius); 204 (Lucas Kaufmann); 220 li. (Velopilger)

Stand: April 2022

Für Anregungen, Berichtigungen und Ergänzungsvorschläge sind wir dankbar. Bitte senden Sie diese per Email an: presse@ellert-richter.de

Der Verlag dankt allen, die uns für dieses Buch Bild- und Textmaterial zur Verfügung gestellt haben. Trotz aller Bemühungen ist es uns aber bei einigen wenigen Fotografien nicht gelungen , die Urheber zu ermitteln. Wir bitten diese, sich gegebenenfalls mit uns in Verbindung zu setzen.
Alle Angabe in diesem Buch wurden gewissenhaft geprüft. Preise, Öffnungszeiten etc. können sich aber schnell ändern. Daher können Autoren und Verlag keine Gewähr für die Richtigkeit übernehmen.

Bibliografische Information der Deutschen Nationalbibliothek
Die Deutsche Nationalbibliothek verzeichnet diese Publikation in der Deutschen Nationalbibliografie; detaillierte bibliografische Daten sind im Internet über http://dnb.d-nb.de abrufbar.

ISBN 978-3-8319-0715-1

4. Auflage 2022

Text: Rolf Kiesendahl, Oberhausen
Redaktion: Birthe Imsel, Hamburg,
Sylvia Lukassen, Gelsenkirchen
Lektorat: Annette Krüger, Hamburg
Gestaltung: BrücknerAping, Büro für Gestaltung GbR, Bremen
Kartografie: THAMM Bosau, (Topographie OSM-Daten, CC-BY-SA 2.0)
Linienplan: VRR AöR
Gesamtherstellung: CPI books GmbH, Leck
www.ellert-richter.de
www.facebook.com/EllertRichterVerlag
Instagram: @ellert_richter_verlag